PINK PENGUIN
THE PROBLEM WITH PENGUINS

비벌리와 짐에게 이 책을 바칩니다.

모든 펭귄이 진정한 행복을 얻지 못하는 이유가

자기기만에 있다는 사실을 일깨워준 데 대해 감사드립니다.

PINK
PENGUIN
THE PROBLEM WITH PENGUINS

핑크펭귄

빌 비숍 지음 | 박재현 감수 | 안진환 옮김 | 강규형 기획

스노우폭스북스

좋은 책을 고르려고 목숨을 거는 이유가 있다. 사람의 목숨을 살릴 수도 있고, 사업의 위기에서 벗어날 수도 있기 때문이다. 빌 비숍의 책을 무조건 사 모으는 이유도 그렇다. 『핑크 펭귄』은 빌 비숍의 전작 『관계우선의 법칙』의 실천편이자 완결판으로, 생생하게 살아있는 마케팅의 '날것'이다.

　전 직장에서 계열사 CEO도 하고 세일즈 분야에서 수억대 연봉을 받는 등 승승장구하다가 호기롭게 시작한 첫 사업에 극심한 어려움을 겪었다. 수년간 집에 생활비도 못 주고 임대료와 직원 급여 주기도 힘든 상황을 넘어 채권 회수 협박과 소송에도 시달렸다. 앞만 보고 성실하게 열심히 살아온 결과의 비참함과 구겨진 자존심에 죽을 생각까지 했다. 그 무렵 멘토 한 분이 나를 불러 위로하면서 선물로 준 책이 빌 비숍의 『관계우선의 법칙』이었다. 그 책 덕분에 '자살' 두 글자를 뒤집었다. '살자'로!

　『관계우선의 법칙』은 이미 15년간 1,800개 기업을 불황에서 탈출시킨 실제 컨설팅 사례를 공개한 것이다. 지면상 실제 사례가 부족해 아쉬웠는데 드디어

『핑크 펭귄』이 나왔다. 너무 반갑고 고맙다. 『핑크 펭귄』 역시 이미 세계 4,000개 기업에서 실행하고 성과를 거둔 사례집이다.

좋은 책을 고르려고 목숨 거는 또 다른 이유가 있다. 보통 사람들은 자기 머리로 생각한다. B급 아이디어다. A급 아이디어는 좋은 책을 통해 나온다. 좋은 책은 경쟁상대가 보지 말았으면 하는 책이다. 반대로 내가 아끼는 사람이 반드시 봤으면 하는 책이다.

2009년 7월 시작한 독서모임(독서포럼 나비)이 어느덧 300여 개를 훌쩍 넘었다. 우리는 장차 국내 10만 개, 아시아와 전 세계 100만 개의 나비독서모임을 만드는 꿈을 가지고 있다. 때문에 책 선정에 신중에 신중을 기할 수밖에 없다. 실제 현장에서 실천할 수 있는 실용적인 도서이되 현장에서 검증된 열매가 있어야 한다. 이론만 화려한 책은 사절한다.

『핑크 펭귄』은 빈틈이 없을 정도로 줄을 쳤고 형광펜 덧칠도 모자라 별 하나(☆), 별 둘(☆☆), 별 셋(☆☆☆)이 넘친다. 책장 여백에 거의 빼곡하게 아이디어 메모를 했다. 구르메 옵션, 패키징, 비축 본능, 최고의 이익, 윤리적 명령, 3C, 가치 피라미드, 나만의 테마, 네이밍, 콘셉트 토네이도, 무료서비스 전략, 세 개의 상자, '희망가방' 내려놓고 '돈가방' 집어 들기, 빅 아이디어 어드벤처 등 반짝이는 보물이 넘친다.

지금 하고 있는 비즈니스에도 적용을 하고 실행해서 큰 효과를 본 것들도 많다. 저가와 중가만 있던 상품군에 '구르메 전략'으로 고가와 초고가를 추가하자 의외로 고가 매출이 높아졌고 초고가 제품의 수요도 상당해졌다. '전체 보여주기' 아이디어를 적용해 8시간 세미나가 끝난 후 추가 2시간 무료 Q&A, 다음 과정 설명회를 만들자 과정 신청자가 급증한 것이 대표적 사례다.

『핑크 펭귄』은 1인 기업이든 자영업, 중소기업, 대기업 관계없이 적용 가능하고 업종 관계없이 도움이 된다. 전 직원이 함께 읽고 토론한다면 '희망가방'이 아닌 '돈가방'을 들게 될 것이다.

위험보다 불편이 낫다. 하기 싫은 것은 대개 옳다. 불편과 옳은 것을 선택하고 반응하면 좋겠다. 좋은 책은 5번 이상 읽어야 한다. 『핑크 펭귄』은 20번 이상 읽으면 좋겠다.

강규형 독서포럼나비 회장, 3P자기경영연구소 대표

나는 평소에도 마케팅 관련 책을 많이 읽는 편이다. 특히 브랜드 관련 책이라면 빠트리지 않는다. 왜냐하면 마케팅이나 브랜딩 이론은 고객의 급격한 진화와 맥을 같이하기 때문에 잠시라도 넋을 빼놓고 있다가는 쥐고 있는 칼의 날이 바로 무뎌지기 때문이다. 사실 나는 지난 20여 년이라는 적지 않은 세월 동안 브랜드 마케팅과 그 사례를 강의해온, 꽤나 인정받는 브랜드 전문가이다. 사람들은 강의가 끝날 때마다 혹시 추천할 만한 마케팅 책이 없는가라는 질문을 참 많이도 물어왔다. 그때마다 딱히 떠오르는 책이 없어 곤란했다. 머뭇거리며 곧 내가 준비 중인 책이 나올 테니 나중에 그것을 보시라고 말하기가 일쑤였다.

그러던 중 빌 비숍이 쓴 『핑크 펭귄』을 우연한 기회에 만나게 됐고, 그동안 내가 강의를 통해 이야기했던 대부분의 내용이 일목요연하게 잘 정리되어 있음을 깨닫게 되었다. 사실 뭔가 선수를 빼앗긴 기분도 들었지만 한편으로는 제대로 된 추천서적을 하나 발견했다는 기쁨과 설렘도 있었다.

저자는 펭귄이라는 상징물을 통해 구분이 전혀 되지 않는 'Another One'으로 마케팅을 한다는 것이 얼마나 무모한 일인지를 설명하고 있다. 무채색의 펭귄 수천 마리들이 아무리 서로가 다르다고 얘기한들 그걸 누가 알아보겠냐는 얘기다. 결국 그런 일반 펭귄들은 '저가격 전략'으로 근근이 버티다가 세상에서 사라진다는 거다.

당연한 말 하나 하자. 누구나 다른 경쟁자보다 돋보이고 싶어 한다. 그런데 그것이 나 스스로만 특별하다고 생각하고 남들이 인정해주지 않는다면 어떻게 될까? '이 정도라면 분명히 알아봐주겠지'라는 자기중심적 생각은 철저하게 본인만의 생각이 될 가능성이 높다. 이 책에서는 일반 펭귄에서 핑크 펭귄으로 바뀔 수 있는 전략을 구체적인 사례를 통해 제시하고 있다.

나는 그동안 어림잡아 1,000여 개의 브랜드 마케팅 프로젝트를 진행해왔다. 다행히도 운이 많이 따른 탓에 각 카테고리에서 최고의 브랜드로 자리매김하고 있는 사례가 많다. 사실 내가 시도해왔던 브랜드 마케팅의 핵심은 다름 아닌 달라 보이도록 만드는 것이었다. 결국 이 책에서 다루고 있는 '핑크 펭귄' 전략이었던 것이다. 만약에 이 책이 좀 더 빨리 출판되어 내가 먼저 읽었더라면 훨씬 수월하고 효율적으로 내가 맡았던 브랜드를 핑크 펭귄으로 만들어줄 수 있었을 것 같다. 이 점이 참으로 아쉽다. 역설적으로 지금 이 책을 만나는 독자들은 큰 행운이 아닐 수 없다. 나로서는 수년간에 걸쳐 수많은 시행착오를 겪어서 어렵게 쌓아온 마케팅 성공 전략이 이렇게 쉽게 정리되어서 나온다는 게 약간은 억울한 감을 지울 수 없다. 기분 좋은 질투와 투정이라고 보면 된다.

'뻔하면 까인다'
'기대심리를 잡아라'
'브랜드는 파격이 키운다'
'진입장벽을 높여라'
'정상에 오르는 사람은 모두 비정상이다'
'연애하듯이 마케팅하라'
'고객과 끊임없이 썸 타야 한다'
'고객은 믿는 것을 보게 된다'
'고객의 생각을 생각하라'
'무의식적으로 의식하게 하라'

위에 나열한 10개의 문장이 내 브랜드 마케팅 전략의 핵심 메시지(Key Message)이다. 이 모든 메시지가 『핑크 펭귄』에 녹아져 있다. 한번 경험해보기 바란다. 아무쪼록 이 책을 통해 독자 스스로가 일반 펭귄이 아닌 핑크 펭귄으로 바뀌는 극적인 삶의 주인공이 되길 바라 마지않는다.

　　진심이다.

　　　　　　　　　　　　　　박재현 한국브랜드마케팅연구소 대표

'우리는 달라요.'

'우리 서비스는 더 좋아요.'

'우리 제품은 더 발전됐어요.'

'우리는 가격도 싸요~'

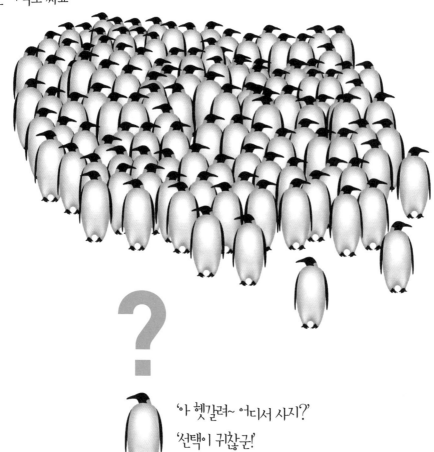

'아 헷갈려~ 어디서 사지?'

'선택이 귀찮군!'

"저는 자산관리사입니다."

"저는 치과의사입니다."

"우리는 컴퓨터를 팝니다."

"우리는 스시를 팝니다."

누구나 자신의 제품이나 서비스를 소개한다.

문제는 우리가 속한 업계의 다른 모든 펭귄들도

자신의 제품과 서비스를 말한다는 점이다.

그러니 아무도 당신과 여타의 다른 펭귄을 구별하지 못한다.

'우리는 달라요.'

'우리 서비스는 더 좋아요.'

'우리 제품은 더 발전됐어요.'

'우리는 가격도 싸요~'

안녕하세요
고객님~

"우와! 신기해라!
핑크펭귄이다!"

제품과 서비스 업그레이드에서 지금 당장 벗어나라!

고객은 차이를 구별할 수 없다.

완전히 새롭고, 완전히 다른, 빅아이디어를 찾아

유일한 존재로 시장을 장악하라!

4,000개의 빅아이디어

지난 25년간 비즈니스 코치와 연사, 작가, 그리고 비숍커뮤니케이션즈(Bishop Communications Inc.)의 CEO로 일하면서 세일즈와 마케팅에 대해 많은 것을 배웠지만, 단연 두드러지는 한 가지는 '사업에 성공하려면 빅아이디어가 필요하다'는 교훈이다. 잠재고객의 관심을 끌며 차별성을 조성하는 '새롭고, 더 나으며, 전혀 다른 그 무엇' 말이다. 빅아이디어가 없으면 전략과 전술을 아무리 잘 실행해도 효과를 거두지 못할 가능성이 크다. 시중에 넘치는 제품이나 서비스와 유사한 아이디어 혹은 지루하거나 일반적인 아이디어를 가지고 경쟁을 벌여야 하기 때문이다.

이것이 내가 '빅아이디어 어드벤처'라는 프로그램을 창안한 이유다. 빅아이디어 어드벤처는 회사와 기업가, 세일즈 담당자들이 빅아이디어를 창출하고 패키징®해서 매출을 올리도록 돕는 체계적인 프로세스다. 우리 회사의 코치들은 비즈니스 종사자들이 단계를 밟아 이 프로세스를 완수하도록 안내하는 일을 무척 좋아한다. 매번 즉각적인 성과를 목격할 수 있기 때문이다. 그들은 회원의 머릿속에 불이 켜지고 나름의 빅아이디어가 도출되면 실로 흥분을 감추지 못하며 비즈니스의 성공을 위해 다시금 헌신하는 자세를 보인다. 빅아이디어로 무장한 우리의 회원들은 더 많은 매출을 올려 더 많은 돈을 벌 뿐만 아니라 세상을 보다 살기 좋은 곳으로 만드는 새롭고 멋진 프로젝트들도 수행한다.

프로그램을 출범시킨 이래, 지금까지 북미를 필두로 세계 전역의 4,000여 기업이 빅아이디어의 기쁨을 만끽했다. 이 책을 통해 당신도 같은 성과를 누리기 바란다. (더 많은 내용을 알고 싶으면 www.bishopbigideas.com을 방문해보기 바란다.)

● **packaging** 여기서 말하는 '패키징'은 단순한 '포장'의 의미가 아니다. 브랜드를 고객의 머리와 가슴에 각인하기 위해 이용하는 아이디어와 표현, 이미지, 경험 등의 '조합'을 뜻하는 전문 용어다. PART 3 '빅아이디어 패키징'에서 그 개념과 방법론을 상세히 다룬다. 권말의 '용어 설명'을 참고하기 바란다.

펭귄 프라블럼

얼마 전 〈펭귄 — 위대한 모험(March of The Penguins)〉이라는 제목의 흥미진진한 영화 한 편을 봤다. 남극 대륙에 사는 펭귄의 생태를 담은 다큐멘터리 영화였다. 그곳의 펭귄들은 4년에 한 번 짝짓기 시즌이 오면 약 120킬로미터 거리에 있는 산란지를 향해 떼 지어 이동을 시작했다.

영화에서 특히 관심이 갔던 부분은 수천 마리 펭귄들이 옹기종기 모인 장면이었다. 나는 그 모든 펭귄이 모두 똑같아 보인다는 사실이 흥미로웠다. 어느 펭귄이 어느 펭귄인지 전혀 구별할 수도 없어 보였다.

실제로 펭귄들조차 자신의 짝을 찾지 못해 어려움을 겪는다는 것이다. 펭귄 스스로들 조차 서로가 똑같아 보인다는 얘기다!

영화를 보면서 대부분의 비즈니스 종사자들이 이와 동일한 문제를 겪고 있다는 생각이 떠올랐다. 다른 경쟁자들과 똑같아 보이는 문제 말이다.

같은 종류의 제품이나 서비스를 팔며, 같은 부류의 스토리를 전하고 같은 유형의 행동방식을 보인다. 물론 각자 나름대로 몇 가지 미세한 차이점은 있지만 시장의 관점에서 보거나 잠재고객의 눈으로 볼 때는 모두 한 무리의 펭귄처럼 보일 뿐이다.

이것이 바로 펭귄의 문제, 즉 펭귄 프라블럼이다.

펭귄 프라블럼은 반드시 해결해야 할 중대한 사안이다. 과도하게 붐비고 경쟁이 치열한 오늘날의 시장에서 두드러지고 싶다면 크고 극적인 무언가를 보여줘야 하기 때문이다.

날마다 더 많은 펭귄이 당신의 업계에 발을 들여놓는다. 당신과 똑같은 모습을 하고 말이다.

인터넷에 들어가 당신의 제품이나 서비스를 구글로 검색해보라. 얼마나 많은 검색 결과가 나오는가?

'자산관리사'라는 단어로 검색만 해봐도 2,870만 개의 결과가 나온다. 웹사이트를 보유한 자산관리사만 검색한 것인데도 이렇게나 많다.

더 많은 돈을 벌고 싶다면 펭귄 프라블럼이라는 장애물부터 치워야 한다. 잠재고객의 눈에 당신과 당신의 경쟁자들이 똑같아 보인다면 잠재고객은 가능

경쟁자들의 제품과 같은 것을 팔며 흡사하게 움직이면 혼잡한 시장에서 두드러질 수 없다. 뿐만 아니라 비약적인 성장을 도모할 수도 없다.

한 한 싸게 공급하는 쪽을 택하기 마련이다. 거래를 따낸다 해도 결코 많은 이익은 볼 수 없다는 뜻이다.

양질의 잠재고객을 더욱 많이 확보하고 싶다면 펭귄 프라블럼부터 해결해야 한다. 다른 모두와 똑같게 보이고, 하는 얘기도 똑같은 것처럼 느껴진다면 잠재고객이 당신을 만나고 싶어 할 이유가 어디 있겠는가!

이미 수백 번이나 들어본 똑같은 소리를 과연 또 듣고 싶겠는가! 새롭고 더 나으며 전혀 다른 무언가가 없다면 아예 만날 기회조차 잡지 못할 수 있다.

펭귄 프라블럼은 사업을 키우려는 사람에게도 장애물이다. 경쟁자와 본질적으로 같은 것을 팔며 기본적으로 같은 일을 하면 비약적인 성장은 기대할 수 없다. 진입장벽이 낮은 탓에 업계에 보다 많은 펭귄이 들어와 북적거리기 때문이다. 수요보다 공급이 늘어 성장 속도에 탄성이 붙기는커녕 결과적으로 속도 저하나, 심한 경우 자유 낙하 상황에 빠질 수 있기 때문이다.

이제, 펭귄 프라블럼을 해결해야 할 필요성에 공감이 가는가?

펭귄 프라블럼은 새로운 현상이다. 과거에는 펭귄으로 비즈니스에 종사하면서도 잘 먹고 잘 살 수 있었다. 경쟁은 지금처럼 치열하지 않았다.

예를 들어 나의 부모님은 1960년대에 홍보회사를 운영했다. 경쟁업체라고는 손에 꼽을 정도여서 늘 일감이 넘쳐났다. 두드러질 필요성조차 느끼지 못했다. 공급보다 수요가 많던 덕분이다.

하지만 지금은 다르다. 어떤 업계든 펭귄들로 초만원이다. 그들은 인터넷을 타고 국경을 넘어 당신의 시장으로 몰려들고 있다. 다른 업계에서 당신의 업계로 넘어오기도 한다. 변호사들이 자산관리사로 변신하고 컴퓨터 제조사가 엔터테인먼트 업체로 변모하며 커피숍에서 음반을 팔기도 한다. 당신의 작고 아늑한 유빙(流氷)에 당신의 고객은 함께 좇는 펭귄들이 갈수록 몰려들어 점점 심각한 북새통을 이뤄가고 있다.

나의 글을 읽으며 당신은 어쩌면 이렇게 생각할지 모른다.

'우리는 그런 펭귄이 아냐. 경쟁자들과 완전히 다르거든.'
그 생각이 맞을 수도 있다. 하지만 문제는
'당신의 잠재고객들도 그렇게 생각하는가' 라는 점이다.

당신의 잠재고객들은 다른 펭귄들과 당신을 구별해낼 수 있는가?
당신이 나머지 모두와 같지 않다는 사실을 금방 알아봐주는가?

따지고 보면 펭귄은 하나하나 모두 나름의 생각과 느낌, 능력을 보유한 유일무이한 존재다. 하지만 아무도 그 차이를 구별할 수 없고 구별하고자 애쓰지 않는다. 그들의 패키징이 다른 펭귄들과 똑같기 때문이다.

바로 이점이 내가 이 책을 쓰게 된 이유다. 나는 당신을 다른 펭귄들과 구별되도록, 그 무리에서 확연히 돋보이도록 돕고 싶다. 그렇지 않으면 당신은 아무런 효과 없는 세일즈와 마케팅 활동에 많은 시간과 비용, 에너지를 허비하게 될 것이기 때문이다. 펭귄 프라블럼부터 해결하지 않으면 어떤 노력을 기울여도 별다른 효과를 얻지 못할 게 뻔하다.

이제 나는 당신이 빅아이디어를 개발해야 할 까닭에 대해 강조할 것이다. 다른 펭귄들과 극적으로 차별시킬 '새롭고 더 나으며 전혀 다른' 무언가가 필요한 이유를 말이다. 아울러 당신만의 빅아이디어를 창출하는 방법을 설파하고 그렇게 도출된 빅아이디어의 브랜딩과 패키징, 홍보 방법까지 보여줄 것이다.

또한 지난 20년 동안 우리의 클라이언트들이 도출하고 패키징한 뒤 성공시킨 수십 건의 빅아이디어들도 소개할 것이다.

이 책은 실제로 행동을 취하고 실질적인 성과를 얻고자 하는 비즈니스 종사자들을 위해 쓴 것이다. 이 책은 당신의 빅아이디어를 신속히 출시하기 위해 실행해야 하는 사항들을 단계별로 꼭 집어 설명할 것이다.

목적은 분명하다. 새로운 고객을 더 많이 끌어들이고 더 많은 돈을 벌어 가능한 한 빠르게 사업을 키우도록 돕기 위해서다.

자 이제, 그 모든 성가신 펭귄들로부터 벗어날 마음의 준비가 확실히 되었는가? 그렇다면 계속 읽어주기 바란다.

유빙에서
벗어나라

세뇌당한 마케터

**PINK
PENGUIN**™

왜 빅아이디어로 무장하는
펭귄은 그렇게 드문가?

펭귄 무리에서 돋보이려면 빅아이디어가 필요하다. 그저 그런 아이디어가 아니라 새롭고, 전혀 다르며, 멋진 아이디어 말이다. 다르다는 것만으로는 충분하지 않다. 달라도 아주 많이 달라야 한다.

방 안의 온도가 22°c인데 누군가 온도를 22.5°c로 올려놓았다 해도 사람들은 차이를 느낄 수 없다. 별다른 차이를 느끼지 못했기 때문이다. 충분히 달라지지 않았기 때문이다.

비즈니스 종사자들 상당수가 이런 실수를 저지른다. 무언가 다르게 행하지만 조금 다르게 갈 뿐이다. 제품의 색상을 바꾸거나 지불조건을 개선해서 제시해도 이런 변경이나 부가적인 조치는 충분하지 않다. 비전문가의 눈에는 여전히 여타의 펭귄과 똑같아 보일 뿐이다.

하지만 누군가 실내 온도를 33°c로 올려놓으면 어떻게 될까?

누구라도 그 변화를 알아챌 수 있다. 사람들은 땀을 흘리며 스웨터를 벗고 이렇게 말할 것이다.

"누가 온도를 이렇게나 올려놨어? 완전히 찜통을 만들어놨네."

당신이 해야 할 일이 바로 이런 것이다. 온도를 충분히 높이 올려 사람들이 알아채듯 완전히 다른 무언가를 해야 한다. 그것이 바로 내가 말하는 빅아이디어다.

문제는 세뇌당한 머리

빅아이디어를 도출하는 일은 어려울 수 있지만 우리가 으레 생각하는 그런 이유 때문만은 아니다. 창의성이나 상상력이 부족해서도, 머리가 좋지 않아서도 아니다. 결론부터 말하면 세뇌당한 탓이다. 불행히 우리 모두의 뇌는 세뇌당한 상태다. 믿지 못하겠는가? 그렇다면 간단한 테스트를 해보자.

자신만의 엘리베이터 스피치®를 작성하는 테스트다.

만약 누군가 당신의 비즈니스에 대해 물으면 당신은 무엇부터 말할 것인가? 한두 문장으로 작성해보라. 이제 그것을 큰소리로 읽어보라. 혹시 제품이나 서비스에 대한 내용이 아닌가? 사람들의 전형적인 답변은 대개 이런 식이다.

"저는 자산관리사입니다."

"저는 치과의사입니다."

"우리는 컴퓨터를 팝니다."와 같이 자신의 제품이나 서비스에 대해 소개한다. (독자: 그렇다면, 대체 다른 무엇에 대해 말한단 말인가?/ 내가 하는 일이 그것이니 나의 제품이나 서비스에 대해 말하는 게 타당하지 않은가?)

문제는 우리가 속한 업계의 다른 펭귄들도 자신의 제품과 서비스를 똑같이 말한다는 점이다. 그러니 아무도 당신과 여타의 다른 펭귄을 구별하지 못하는 것이다. 생긴 것뿐 아니라 말하는 내용까지 닮았기 때문이다.

게다가 여기에는 더 큰 문제가 따른다. 말뿐만 아니라 생각하는 방식까지 같다는 게 문제다. 대개 비즈니스를 고민할 때 제품이나 서비스에 대해 먼저 생

● elevator speech 엘리베이터 안에 머무는 약 60초 이내의 짧은 시간에 투자자의 마음을 사로잡기 위해 행하는 인상적인 설명을 가리키는 말로서 할리우드 영화감독들 사이에서 비롯되었다.

각한다. 언제나 그것이 출발점이 된다. 빅아이디어를 시도를 할 때조차 자신의 제품이나 서비스부터 생각하니 똑같이 힘들어진다.

그렇게 시작한 다음, 제품을 더 크게 혹은 더 작게, 더 빠르게 혹은 더 느리게, 더 예쁘게 내지는 더 멋지게 만드는 방법에 대해 생각한다. 물론 이런 노력을 완전한 시간 낭비로 볼 수 없다. 제품을 보다 좋게 만드는 일은 좋은 일이니까. 그러나 차이는 대개 작은 변화뿐이다.

방 안 온도를 $0.5^\circ c$도 올리는 것과 같은 변화다. 그것으로는 충분하지 않다. 여전히 다른 펭귄들과 같아 보일 뿐이니까.

다른 펭귄들에게 빅아이디어를 얻으려 애써볼 수도 있다. 컨퍼런스에 참가해 업계의 다른 사람에게서 배우는 경우다. 업계 누군가에게 좋은 아이디어가 있으면 모방해 따라갈 수도 있다. 이것 역시 완전한 시간 낭비는 아니다. 다만 우글거리는 펭귄 문제는 여전하다. 다른 펭귄에게서 얻는 아이디어의 대부분은 $0.5^\circ c$의 온도 변화 같은 작은 개선이기 십상이다. 또한 다른 펭귄이 이미 하고 있는 것을 모방해서는 앞서 나갈 수도 없고 독특한 플레이어로 두드러질 수도 없다. 그저 추종자가 될 뿐이다.

그렇다면 어떻게 이 덫에서 벗어날 수 있는가? 제품과 서비스를 먼저 생각하는 행태를 멈추고 독특한 빅아이디어를 도출하려면 어떻게 해야 하는가?

그것은 다른 누군가에 대해, 다시 말해 고객에 대해 생각하는 것에서부터 시작하면 된다. 급진적인 주장으로 들릴지 모르지만 효과는 분명하다. 우리 자신이나 제품과 서비스에 대해 먼저 생각하는 대신, 상황을 돌려놓고 고객에 대해 먼저 생각하는 것이다.

너무 빤한 조언이라고 생각하는 독자도 있을지 모르겠다. "기껏 책을 샀더니 고작 한다는 말이 고객에 대해 먼저 생각하라? 너무 날로 먹으려 드는 거 아냐?"라고 말이다. 하지만! 이것은 그리 쉬운 일이 아니다. 당신은 세뇌당한 상태고 그 사실을 모르기 때문이다. 세뇌의 확실한 표시 중 하나는 피해자가 자신이 세뇌당한 상태임을 모른다는 것이다.

〈맨츄리안 캔디데이트(The Manchurian Candidate)〉라는 영화가 있다. 악당들에게 세뇌당한 대통령 후보자가 경쟁 후보를 죽이는 내용의 섬뜩하고 기이한 영화다. 이 영화를 거론하는 요점은 '그가 자신이 세뇌 당했다는 사실을 모른다는 것'이다. 그는 이 사실을 모른 채 자신의 뇌 속에 짜인 지시 사항을 그대로 수행한다.

나 역시 세뇌당한 비즈니스 종사자들을 일상적으로 만난다. 그들의 몸은 21세기를 살지만 그들의 뇌는 19세기에 맞춰 프로그램 돼 있다. 하지만 아무도 그 사실을 모른다.

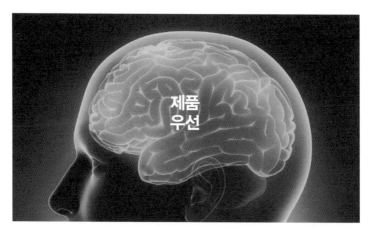

제품
우선

만약 당신의 사고가 당신의 제품이나 서비스에서 시작된다면 업계의 다른 펭귄들 사이에서 두드러질
수 있는 빅아이디어를 도출하기가 힘들어진다.

19세기 이래 지금까지 비즈니스의 중심은 늘 제품과 서비스였다. 성공하려면 간단한 공식만 따르면 되었다.

'제품을 생각해내고 그것을 만드는 기계를 구축한 다음 만들어 팔아라!'

1.제품을 고안한다. 2.그것을 만드는 기계를 구축한다. 3.생산된 제품을 판매한다. 4.많은 돈을 번다. 5.저택을 매입한다. 6.하인을 고용한다.

많은 사람이 이 공식을 따라 부자가 되었다. 이후 사람들은 이 공식을 서비스에도 적용했다. 1.서비스를 고안한다. 2.그것을 제공하는 기계를 구축한다(이 경우의 기계는 인력을 의미한다). 3.해당 서비스를 판매한다. 4.많은 돈을 번다. 5.저택을 매입한다. 6.하인을 고용한다.

지난 200년 동안 이 공식의 효력은 뛰어났다. 그렇게 돈을 번 세대가 다음 세대에 대물림할 정도였다. "아들, 딸아 부자가 되고 싶으면 이 공식대로 하렴. 제품이나 서비스를 고안해서 그것을 만드는 기계를 구축하고 팔면 되는 거란다. 그렇게 해서 많은 돈을 벌면 저택을 사서 하인들을 두고 살려무나." 이보다 쉬운 일이 또 있을까?

그리고 언제부턴가 이 공식에 대해 떠드는 사람조차 없어졌다. 공식이 매번 성공적이고 너무 잘 알려져 아무도 더 이상 입에 올릴 필요를 느끼지 못했기 때문이다. 그렇게 이 공식은 보편적 진리가 되었다. 모든 사람의 두뇌가 완전히 세뇌된 것이다.

하지만 얼마 후 세상이 변했다. PC가 개발되더니 곧 월드와이드웹(www)이 등장했다. 무역 장벽이 무너지고 글로벌 경제가 형성되었다. 산업을 서로 분리해놓던 규제도 철폐되었다. 갈수록 늘어가는 경쟁자들로 시장은 들끓기 시작했다.

바로 이런 경쟁이 빅아이디어를 사업 성공의 필수적인 조건으로 만들었다. 하지만 세뇌된 뇌는 빅아이디어를 떠올리는 것 자체가 어려웠다. 모두가 낡은 공식의 첫 단계에서 출발하기 때문이다. 제품이나 서비스에 대해 생각하는 것 말이다.

잠시 옛날로 거슬러 가보자. 제품을 고안해 제조만 하면 그 제품의 유일한 제조업자로 시장을 독점하던 시절이 있었다. 당신이 그런 시절에 핀셋을 최초로 만들어 팔았다고 가정해보자. 당신은 그저 밤낮으로 기계를 돌려 날이 가고 해가 바뀌어도 똑같은 핀셋을 생산하면 그만이었다. 그러면서도 하인들이 시중을 드는 대저택에서 안락하게 살 수 있었다.

하지만 영원한 것은 없는 법. 작은 집에 사는 사람들이 돈을 모아 기계를 마련한 다음, 당신을 따라 핀셋을 만들기 시작했다. 갑자기 당신에게 경쟁자가 생긴 것이다. 그리고 얼마 후 다른 나라 사람들도 핀셋 사업에 뛰어들기 시작했다. 그들은 터무니없이 싼 노임을 받고도 기꺼이 일하려는 노동자들을 고용했다. 결과적으로 핀셋 가격은 계속 하락했다.

저택을 팔고 하인들을 내보낼 상황이 닥칠지 모른다는 두려움에 당신은 제조해서 팔 만한 또 다른 제품을 물색했다. 지퍼가 눈에 띄었다. 하지만 지퍼 시장에는 이미 200개의 회사들이 진을 치고 있었다. 램프를 만들어 팔까? 그 역시 이미 북적거리는 시장이었다. 컴퓨터 부품 시장도 마찬가지였다. 어디를 둘러봐도 다른 펭귄들이 득실거렸다.

이 이야기의 요점은 세상이 변했다는 거다. 어느 분야든 이미 많은 펭귄이 진을 치고 있다. 따라서 빅아이디어가 필수이며 그러기 위해서는 새로운 사고 프로세스를 이용해야 한다.

만약 스스로를 재교육해 200년 동안 뇌리에 박혀 세습된 '제품 우선' 사고방식을 떨쳐내지 않으면, 빅아이디어를 생각해내는 것 자체가 극도로 어려운 일이 될 것이다. 그 낡은, '제품 우선' 사고방식이 창의성을 질식시켜버릴 것이기 때문이다.

애플은 스스로를 재교육하는 데 성공한 대표적 기업이다. 이 회사는 창업 후 20년 동안 나름의 환상적인 컴퓨터로 준수한 수준의 성공을 이뤘다. 하지만 그 20년 동안(컴퓨터 시장 전체를 놓고 볼 때) 애플은 '꼬마' 플레이어에 불과했다. 그러던 어느 날, 스티브 잡스와 그의 팀이 제품 우선(컴퓨터 우선) 사고방식을 떨쳐내고 고객에게 먼저 초점을 맞추기 시작했다. 그렇게 단순히 관점만 바꾸었을 뿐인데 놀라운 빅아이디어들이 연달아 쏟아져 나왔다. 아이튠즈와 아이팟, 아이폰, 아이패드……. 이들 빅아이디어는 애플의 매출을 극적으로 높이면서 여느 컴퓨터 회사들과는 확연히 다른 차별성을 소비자에게 안겨주었다.

애플이 제품 우선 사고방식 수렁에 그대로 빠져 있었다면 혁신의 아이콘으로 거듭나는 일은 절대로 없었을 것이다. 애플은 빅아이디어를 창출해 판매하면서 시장 전체의 매출까지 큰 폭으로 증대시켰다.

이제 온도를 충분히 높이 올리고 진정으로 '뜨거운' 무언가를 제시하고 싶다면 제품이나 서비스는 잊어야 한다. 때로는 자신이 속한 업계에 대해서도 잊고 새로운 출발점에 초점을 맞춰 사고해야 한다.

그 새로운 출발점은 바로 당신의 넘버원 고객 유형이다.

02

에그롤은 이제 그만

PINK
PENGUIN™

넘버원 고객 유형에
초점을 맞춰라

대부분의 기업은 여러 유형의 고객과 거래한다. 어떤 회사는 자사가 생산하는 제품의 주요 고객을 들개/길고양이 포획인과 가정 주치의, 환경미화원 등으로 상정한다. 제품을 팔 수만 있다면 고객이 누구든 아무 상관없다는 식이다.

그러나 이런 식의 초점 결핍은 큰 문제가 될 수 있다. 우선 자신의 역량을 너무 얇게 펼친다는 점이 문제다. 한 번에 너무 많은 게임을 벌이려 애쓰는 셈이다. 이는 하키와 축구를 동시에 하려고 시도하는 것과 같다. 결국 어려움과 혼란이 초래될 뿐이다. 두 번째 문제는 고객의 눈에 전혀 전문가로 비치지 않는다는 점이다. 무엇이든 다 하지만 특별히 잘하는 것이 없는 사업체로 보이기 십상이다. 중국음식점 창문에 소득신고도 대행한다는 광고가 붙어 있다면 어떻게 보이겠는가? 세금 환급금을 산출하는 동안 에그롤®를 먹을 수 있으니 금상첨화로 여길까? 제정신인 사람이라면 아마도 고개를 갸우뚱할 게 뻔하다.

더 큰 문제는 많은 유형의 고객과 거래하기 때문에 어떤 고객에 대해서도 잘 알지 못하게 된다는 점이다. 그저 물건만 팔 뿐, 시장조사를 제대로 하지 않으며 고객의 니즈 가운데 시장에서 제공되지 않는 것은 무엇인지에 대한 인식조차 없다는 뜻이다. 이런 상황에서 빅아이디어가 나올 리 만무하다.

거듭 강조하지만 초점을 맞춰야 한다. 어떤 고객과 거래하고 싶은지 분명히 결정해야 한다. 우리 회사의 경우 이미 오래전에 중소기업 경영자(자영업자 포함)와 세일즈맨을 대상으로 사업을 하기로 결정했다. 대기업이나 협회, 관청 등과는 더 이상 일을 하지 않겠다는 의미였다.

우리는 이것이, 우리가 사업을 하면서 내린 최상의 결정이었다고 판단한다. 그 이후 우리는 수십 개의 산업 분야에서 수천 명에 달하는 중소기업 경영자 및 세일즈맨들과 손을 잡고 일해왔다. 그러면서 그들이 더 많은 고객을 확보하고 더 많은 돈을 벌도록 돕는 전문가로 자리매김했다. 넘버원 고객 유형에 집

● egg roll 중국요리의 하나로서 채소, 해산물, 고기 등을 잘게 다진 소를 넣고 기름에 튀긴 계란말이.

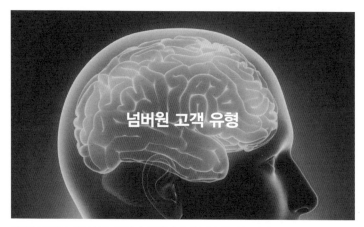

넘버원 고객 유형

당신이 제품이나 서비스부터 생각하기 시작한다면 빅아이디어를 창조해 업계의 여타 펭귄들과의 차
이는 불가능하다.

중한 덕분에 우리는 중소기업 경영자들의 목표와 나름의 난제를 깊이 이해할 수 있었고 수십 가지 빅아이디어를 도출해 많은 수익을 올릴 수 있었다.

당신의 넘버원 고객은 어떤 유형인가?

당신이 거래하는 모든 종류의 고객을 죽 적어놓고 그중에서 최상의 고객을 선택하면 된다. 어떤 유형의 고객과 거래하고 싶은가? 누구와 거래해야 일도 즐겁고 수익도 많이 발생하는가? 거래하기 싫은 고객은 어떤 유형인가? 최상의 고객을 선택하는 게 쉽지 않을 경우에는 최악의 고객부터 지워나가면 된다.

단언컨대 단 한 가지 유형의 고객에게만 초점을 맞추기란 쉽지 않을 것이다. 다른 유형의 고객들을 포기하기 어렵기 때문이다. 어쩌면 돈 벌 기회를 저버리는 것처럼 느껴질 수도 있다. 그러나 사실은 그 반대다. 우리의 클라이언트 가운데 치과의사들만을 고객으로 삼겠다고 결정한 자산관리사가 있다. 그런 결정을 내릴 당시 그의 고객 가운데 치과의사는 다섯 명에 불과했다. 하지만 지금은 300명이 넘는다. 치과의사들에게 초점을 맞춤으로 마케팅에 투자하는 시간과 비용을 하나의 시장에만 쏟아부으며 몇 가지 훌륭한 빅아이디어를 개발했기 때문이다. 이제 그는 치과의사들 사이에서 넘버원 자산관리사로 통한다.

충분한 시간을 갖고 신중하게 결정하기 바란다. 분명 당신이 사업상 내리는 가장 중요한 결정이 될 것이다.

03

구르메 패키지

고급 차별화로
매출을 늘려라

제품이나 서비스에 더 높은 가격을 매기고 싶은가? 누구나 분명 그러고 싶을 것이다. 하지만 고객이 받아들이지 않을 것이란 생각이 들 것이다. 고객이 우리에게 등을 돌리고 낮은 가격을 제시하는 경쟁자와 거래할 것이라는 걱정부터 앞설 것이다.

이건 자연스런 두려움이지만 발전에는 전혀 도움이 되지 않는다. 더 높은 가격을 책정하는 것이 두려우면 결코 그렇게 할 수 없다. 그리고 현재의 위치에서 한 걸음도 앞으로 나갈 수 없다. 오히려 시간이 흐를수록 더 적은 돈을 벌게 될 가능성이 높다. 갈수록 경쟁이 치열해져 가격과 마진에 압박을 받을 테니 말이다.

그렇다면 어떻게 해야 이 덫에서 벗어날 수 있을까? 고객을 잃지 않으면서 더 높은 가격을 책정하는 방법이 있을까? 나아가 가격도 올리고 고객 기반도 넓히는 방법은 없을까?

가격을 올리는 전략에 앞서 월마트 효과(The Wal-Mart Effect)개념부터 이해하는 것이 좋겠다. 알다시피 월마트는 가능한 한 최저가로 제품을 판매한다고 약속한다. 그들은 이 약속을 토대로 세계 전역에서 영향력을 행사하는 제국을 건설했다. 하지만 최저가는 양날의 칼이다. 일부 고객은 월마트의 저가 상품으로 혜택을 입지만 동네의 영세 소매업자들은 종종 경쟁력을 상실하고 도태된다.

더욱 안타까운 것은 이들 소매업자 가운데 상당수가 그럴 필요가 없는데도 사업을 접는다는 것이다. 그저 사업 방식을 바꿔 월마트가 할 수 없는 일을 하면 되는데 말이다. 월마트가 할 수 없는 일은 고급 서비스를 제공하는 것이다. 지역의 소매업자들은 월마트보다 높은 수준의 서비스와 경험, 가치를 제공하면 된다. 다시 말해서 월마트와의 가격경쟁을 그만두고 대신에 (월마트는 할 수 없는) 고급 소매점으로 변신해야 한다는 얘기다.

어쩌면 당신은 이렇게 생각할지도 모른다.

'그럴 듯하군! 하지만 나는 소매업에 종사하지 않아'

무슨 말인지 알겠다. 하지만 월마트 효과는 모든 산업, 모든 업종에서 벌어지는 현상이다. 거의 모든 업계에서 상당수 회사들이 전자상거래와 세계화의 물결을 타고 인터넷을 이용해 가능한 한 최저가로 제품이나 서비스를 제공하는 방법을 개발했다. 나는 이들을 '패스트푸드형' 사업체라 부른다.

현재 많은 회사들이 자신의 업계에서 패스트푸드형 사업체와 경쟁을 벌이느라 혈안이 돼 있다. 그들이 생각하는 유일한 방법은 가격을 낮추는 것이다. 그러나 가격을 낮추면 이익이 남지 않는다. 진퇴양난이 따로 없는 셈이다.

다행히도 탈출구가 있다. 구르메형(gourmet)● 사업체가 되면 된다. 모든 것의 수준을 높이는 빅아이디어를 패키징하는 것이다. 그렇게 마련한 구르메형 제품이나 서비스에는 훨씬 높은 가격을 부과해야 한다는 사실을 잊지 말라.

예를 들어, 당신이 보험대리점을 운영한다고 해보자. 언제부턴가 보험업자와 은행들이 온라인 사이트를 개설해서 대중들에게 직접 보험 상품을 판매하기 시작했다. 당신이 판매하는 것과 똑같은 상품을 더 싼 가격에 판매하는 것이다. 고객들이 그저 온라인으로 신청서를 작성하기만 하면 보험증서가 발부

● gourmet 프랑스어로 미식 또는 미식가를 뜻하며 음식 앞에 놓일 경우 '고급'이라는 의미로 쓰인다.

두드러지려면 잠재고객에게 두 가지 선택안을 제시하라. 경쟁자들도 판매하는 전형적인 패스트푸드형 제품과 당신만 판매하는 구르메형 제품.

된다.

당신 역시 온라인으로 보험을 판매하는 방안을 생각해보았다. 하지만 초기 투자금이 엄청난 데다가 온라인의 경쟁업체들은 모두 훨씬 더 규모가 크고 자본력도 우월하다.

자, 당신은 어떻게 해야 하는가?

나는 패스트푸드형 경쟁에 몰두하는 대신 180도 선회해서 구르메형 사업체로 거듭날 것을 제안한다. 예컨대 '안전 든든 솔루션'과 같은 특별한 프로그램을 개발하는 것이다. 그 프로그램에 1,200달러 정도의 가격을 매겨 넘버원 고객들에게 제시하면 된다. 그 정도 수수료면 당신이 고객에게 충분한 시간을 투자하고 그들의 모든 리스크를 파악하도록 돕고 대비 차원의 전반적인 계획을 세워줄 수 있다. 또한 고객의 소유물 모두에 대한 가치를 평가하고 보험금을 청구하게 될 경우에 대비해 사진을 찍어 보관하는 서비스도 함께 제공하는 것이 좋다. 이런 식으로 경쟁자들이 공짜로 제공하는 그 어떤 것보다 훨씬 큰 가치를 전달하는 프로그램을 구성하면 누구나 구르메형 사업자가 될 수 있다.

멋진 점은, 고객들이 당신의 1,200달러짜리 프로그램을 보고 너무 많은 돈을 부과한다고 말하지도 않을 것이며 겁먹고 도망가지도 않을 것이라는 사실이다. 당신의 새 프로그램은 프리미엄 옵션일 뿐이기 때문이다. 패스트푸드형과 구르메형 서비스 중 하나를 선택하라고 말하면 된다. 기존의 단순한 보험 상품과 1,200달러짜리 구르메 패키지를 함께 제시하라는 의미다. 패스트푸드 냐 구르메냐, 선택은 고객의 몫이다.

이는 호텔 경영에서도 종종 동원되는 전략이다. 합리적인 가격의 룸이 400 개라면 40개 정도의 펜트하우스 스위트룸을 마련한다. 그 후 손님들에게 일반 룸과 슈퍼디럭스 룸이 있다고 알려준다. 결정은 고객의 몫이다.

어쩌면 당신은 펜트하우스 스위트룸을 아무도 선택하지 않으면 어떻게 하 느냐고 반문할지 모른다. 물론 그럴 수도 있다. 하지만 시도해보지 않고는 모 르는 일이다.

사업체를 운영해본 사람이라면 누구나 구르메 패키지에 대한 수요가 있다 는 사실에 공감할 것이다. 패스트푸드형 제품이나 서비스에 만족하지 않거나 생활수준을 고급화한 고객들은 어디든 존재하기 마련이다.

게다가 이 접근방식에는 아무런 리스크도 따르지 않는다. 호텔의 경우는 예 외겠지만 대다수의 사업에서는 선투자금을 거의 혹은 전혀 들이지 않고 구르 메 패키지를 개발할 수 있다. 그 후 기존의 일반 서비스에 추가하면 그만이다. 가장 멋진 점은, 고객이 구르메 패키지를 원하면 더 많은 돈을 벌게 되고, 원치 않는다 해도 여전히 고객으로 남아 패스트푸드형 상품을 구매한다는 사실이다. 구르메 패키지를 제시한다고 잠재고객을 잃을 위험이 생기는 것도 아니다.

오히려 구르메 패키지를 개발하지 않으면 리스크가 발생한다.

만약 당신은 가만히 있는데 경쟁업체에서 프리미엄 서비스를 개발해 제공하면 어떤 일이 벌어지겠는가? 분명 당신의 넘버원 고객 중 일부는 떨어져 나가 그쪽에 붙을 것이다. 아이러니하지 않은가?

고객이 등을 돌릴까 봐 더 비싼 가격을 부과하지 않는데 실상은 그로 인해 고객을 잃게 되니 말이다. 기억하라. 모두가 최저가만 찾는 것은 아니다.

당신은 시장에 나온 가장 싼 자동차를 구입해서 몰고 다니는가? 가장 싸게 파는 식당에 가서 외식을 즐기는가? 싸구려 중고 의류만 사 입는가? 분명 아닐 것이다. 그런데 왜 당신의 고객모두가 최저가를 원할 것으로 생각하는가?

제시한 방법을 실천한다면 분명 놀랍고도 즐거운 발견을 경험할 것이다. 고객 가운데 상당수가 기꺼이 더 많은 돈을, 때로는 아주 더 많은 돈을 낼 테니 말이다. (제3의 슈퍼구르메 제안으로 얻을 수 있는 혜택에 대해서는 뒤에서 설명할 것이다.)

더 높은 가격을 부과해서 보다 많은 돈을 버는 전략은 간단하다. 구르메형 빅아이디어를 패키징해서 기존의 패스트푸드형 제품이나 서비스에 추가하면 된다.

04

칼자루를 쥐는 법

PINK PENGUIN

고객이 스스로
찾아오게 만들어라

대부분의 펭귄이 이상적인 것과는 다소 거리가 먼 고객들과 거래를 한다.

내가 어떤 고객들을 말하는지 알 것이다. 당신과의 관계를 그다지 진지하게 여기지 않는 고객, 시간을 허비하게 만드는 고객, 요구사항이 너무 많은 고객, 청구서를 보내면 불평불만을 늘어놓는 고객, 제때 결제해주지 않는 고객, 약속 시간을 잊거나 늦게 나타나는 고객, 당신의 경험과 전문지식을 존중하지 않는 고객.

참을 수 없는 경우도 많지만 당신은 꾹 참고 그런 고객들과 거래한다. 왜? 어떤 고객과도 거래를 해야 한다고 믿기 때문이다. 어떤 고객 관계든 끊어버리는 것은 재정적 자살과 같다고 여기기 때문이다. 아무리 혐오스럽고 아무리 자긍심에 역행해도 먹고살려면 참아야 한다고 생각하기 때문이다.

대부분의 펭귄은 노예다. 돈을 지불한다는 이유로 공급업자를 2등 시민 취급하는 고객들의 노예다. 하지만 당신은 노예가 되려고 사업을 시작한 것이 아니다. 우리 모두가 원하는 것은 자유다.

이것이 바로 당신이 게임을 바꿔서 자유롭고 독립적인 인간으로서의 권위를 확고히 해야 하는 이유다. 노예 짓을 그만두고 고객과 잠재고객들로부터 칼자루를 빼앗아 와야 한다. 방법은 역시 패키징이다. 우리는 패키징으로 그런 혜택까지 누릴 수 있다.

더 이상 노예로 살고 싶지 않다면 당신의 고객에게 모두를 위한 게 아닌 특별한 무엇이라고 말하는 것이다. 이게 전부다. 그저 그렇게 모두가 이용할 수 있는 게 아니라고 말하면 된다.

우선 사람들이 그 무엇보다도 더 원하는 한 가지에 주목하는 것이 중요하다. 더 많은 돈이나 더 큰 집, 더 멋진 자동차가 아니다. 물론 사람들은 그런 것들도 갖고 싶어 하지만 가장 갖고 싶어 하는 것은 가질 수 없게 될지도 모르는 무언가다.

그것이 인간의 본성이다. 무언가를 (지금이든 앞으로든) 가질 수 없게 될지도 모

당신의 구르메형 빅아이디어는 아무나 이용할 수 있는 상품이 아니라고 말하면 고객들은 그것을 더욱 원하게 되고 경우에 따라서는 심지어 줄까지 서게 된다.

른다는 생각이 들면 잡아채려 드는 게 사람이다. 그것이 무엇인지 제대로 알지 못하거나 정말로 원하는 것인지 모를 때조차도 그렇게 한다. 일단 확보한 후에 자세한 것을 파악하는 게 더 안전하다고 생각하기 때문이다.

예를 들어보자. 20년 전 내가 다니던 테니스 클럽에는 한때 200명에 달하는 대기자들이 회원으로 들어오고 싶어 했다. 언제부턴가 대기자 명단이 형성되면서 클럽은 들어가기 힘든 특권 구역으로 인식됐다. 그런 이미지는 사람들을 더욱 안달 나게 만들었고 대기자 명단은 갈수록 길어졌다. 그러니 결원이 생겼을 때 대기자를 가입시키는 일이 식은 죽 먹듯 쉬웠다. 당장 가입하지 않으면 대기자 명단 맨 끝으로 밀릴 뿐 아니라 결국 회원이 될 수 없을까 봐 두려워했기 때문이다. 클럽 운영자 입장에서는 이보다 더 환상적인 시나리오가 없었다.

하지만 얼마 후 불경기가 찾아왔고 시내에 클럽이 몇 곳 더 문을 열었다. 그러자 대기자 명단이 사라지고 클럽이 회원 가입을 간청하는 상황이 됐다. 대기자 명단이 사라지자 클럽은 더 이상 안달이 날 만큼 들어가고 싶은 특권 구역으로 보이지 않았다. 잠재고객을 가입시키는 일이 어려워진 것은 물론이다. 사람들이 당장 가입 여부를 결정할 필요가 없다는 걸 알았기 때문이다. 기다렸다가 아무 때든 내킬 때 들어가면 될 일이었다. 클럽 운영자 입장에서는 이보다 더 악몽 같은 시나리오가 없었다.

가질 수 없게 될지도 모른다고 여겨질 때 나타나는 사람들의 충동은 인간의 비축 본능에 속한다. 앞으로 손에 넣을 수 없을 거라는 두려움이 생기면 보다 많은 가치를 부여하기 마련이다.

재밌는 사례 한 가지를 더 들어보자. 수년 전 내 입에 딱 맞는 시리얼이 나왔는데 그 제품을 구입하는 일이 만만치 않았다. 그 시리얼을 사러 식료품점에 가면 재고가 바닥 나 있기 일쑤였다. 그래서 그것이 보이는 날이면 될 수 있는 한 많이 구입하는 게 버릇이 되었다. 다음에는 손에 넣지 못하게 될까 두려웠기 때문이다. 하지만 곧 나는 왜 그 시리얼이 자주 바닥이 나는지 깨달았다. 다른 사람들 역시 나와 똑같은 이유로 사재기하고 있었던 것이다. 그 시리얼과 관련해 그렇게 형성된 희소성이 사람들의 사재기를 더욱 부채질했다.

당신의 구르메형 빅아이디어는 모두를 위한 게 아니라고 잠재고객들에게 말해야 하는 이유를 이제 알겠는가? 실제로 구르메 패키지는 사람들 대부분이 이용할 수 있는 게 아니다. 모두를 위한 게 아니라는 점을 명확히 밝히면 당신의 잠재고객은 특권 클럽에 들어갈 수 없게 될까 걱정하게 된다. 그런 걱정이 당장 그 자리에서 결정을 내리도록 이끄는 방법이다.

이 전략은 또한 당신의 고객을 대등한 관계로 만들어준다는 장점이 있다. 당신은 이제 더 이상 거래를 간청하지 않아도 된다. 오히려 그들과 거래할지

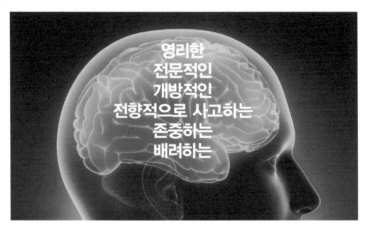

영리한
전문적인
개방적인
전향적으로 사고하는
존중하는
배려하는

잠재고객에게 자신을 묘사하는 데 이용할 수 있는 표현을 제공함으로써 그들 스스로 자아상을 패키징하도록 도와라. 그들은 그러한 자아상을 강화하는 방편으로 당신의 빅아이디어를 구매할 것이다.

말지 당신이 결정하는 상황을 맛보게 된다.

고객의 자아상 패키징

관련된 또 하나의 패키징 기법이 있다. 잠재고객으로 하여금 자신의 자아상을 패키징하고 강화하도록 돕는 것이다. 효과 만점의 기법이라는 점부터 명심하기 바란다. 방법은 그들이 스스로 어떤 사람인지, 혹은 보다 정확하게는 어떤 사람이 되고 싶은지 생각하도록 적절한 표현을 제공하는 것이다. 거듭 강조하지만 이것은 지금까지 개발된 그 어떤 것보다도 중요하고 강력한 마케팅 기법이다.

당신이 바라는 이상적인 고객의 특성을 분명히 표현하는 것으로 시작하라. 예를 들면 당신의 이상적인 고객은 영리하며 개방적이고 전향적으로 사고하며 전문가의 조언을 존중하고 높이 평가하는 누군가라고 말하는 것이다.

그런 다음 당신의 프로그램을 훨씬 더 고급스럽고 배타적으로 보이도록 만드는 말을 덧붙여라. "우리의 새로운 구르메 프로그램은 아무나 이용할 수 있는 것이 아닙니다. 오직 영리하며 개방적이고 전향적으로 사고하며 전문가의 조언을 존중하고 높이 평가하는 고객만을 위한 것입니다. 만약 고객님이 여기에 해당하시면 이 새로운 구르메 프로그램에 관심을 가질 것입니다. 해당하시지 않더라도 걱정하지 마십시오. 기존의 패스트푸드형 프로그램을 이용하시면 되니까요."

구르메 프로그램을 이런 식으로 제시하면 어떤 종류의 반응이 나올 것 같은가? 내 경험을 토대로 말하면 사람들은 매우 긍정적으로 반응한다. 사람들은 대부분 본인이 그런 종류의 사람이라고 믿고 싶어 한다. 그 반대로 멍청하며 폐쇄적이고 후진적으로 사고하며 전문가의 조언을 무시하고 하찮게 여기는 사람으로 스스로를 생각하거나, 혹은 인정하고 싶어 하는 사람이 얼마나 되겠는가? 본인이 그와 같다고 믿고 싶은 사람은 거의 없다.

이런 표현을 이용하면 당신은 잠재고객이 자신의 자아상을 패키징 하도록 도울 수 있다. 그들이 스스로를 묘사하는 데 쓰고 싶은 표현을 손에 쥐어주는 셈이기 때문이다. 심리실험 결과에 따르면 사람들은 일단 자아상을 패키징하고 나면 그러한 자아상이 옳다는 것을 본인과 다른 사람들에게 증명하기 위해 많은 노력을 기울인다. 결국 그들은 이렇게 말하게 된다.

"그래요, 뭐 다 내 얘기 같네요. 패스트푸드보다는 구르메가 어울리는 사람이지요. 당신의 새로운 구르메 프로그램에 대해서 말해보세요. 내게 필요한 것 같거든요."

자아상을 패키징하도록 잠재고객을 돕는 것은 노련한 마케터라면 누구나 이용하는 기법이다. 광고에서 흔히 멋진 사람들의 놀랍도록 행복한 모습을 보여주는 이유가 무엇이겠는가? 사람들로 하여금 스스로 바라는 자아상을 그려보게 하기 위해서다. 패션 잡지에서 멋진 모델을 본 여성은 대개 이런 생각을 품는다. '나도 이렇게 보이면 얼마나 좋을까!' 그래서 밖으로 나가 400달러짜리 퍼머를 하고 100달러짜리 립스틱을 사며 프라다 지갑을 사는 데 3,000달러를 흔쾌히 쓰는 것이다. 멋지게 생긴 사내가 BMW 스포츠카를 모는 광고를 본 남성은 어떤 생각을 할까. '음, 바로 나야. 딱 내가 되고 싶은 모습이야!' 그런 생각이 들고 여력이 되는데 주저하는 남성은 거의 없다. 바로 매장에 나가서 8만 달러를 질러버리는 것이다.

요점은 이것이다. 당신의 구르메 프로그램은 아무나 이용할 수 있는 게 아니고 특정한 특성을 갖춰야 자격이 된다고 잠재고객에게 말하면 그의 마음속에 심리적 변화가 발생한다. 그들은 더 이상 당신을 내키는 대로 이래라저래라 할 수 있는 굴종적인 공급업자로 보지 못한다. 자신의 바람직한 자아상을 이루고 강화하도록 도울 수 있는 전문가로 보는 것이다.

여기서 가장 중요한 것은 그렇게 형세를 돌려놓음으로써 당신은 업계의 펭귄 무리에서 단연 돋보일 수 있다는 점이다. 업계의 여느 세일즈맨들과는 확연히 다른 무언가를 하기 때문이다. 당신과 달리 경쟁자들은 고객의 문을 노크한다. 그들은 잠재고객들에게 거래를 맺자고 간청하며 패스트푸드형 제품이나 서비스를 판다. 방법이란 게 다들 똑같기 때문에 한 무리의 펭귄들로 보일 수밖에 없다.

하지만 당신은 달리 감으로써 두드러진다. 잠재고객에게 구르메 패키지를 소개하며 아무나 이용할 수 있는 게 아니라고 말하고 그들이 제 발로 찾아오길 기다린다. 기억하라. 사람들이 가장 갖고 싶어 하는 한 가지는, 갖지 못하게 될지도 모른다는 두려움이 드는 무엇이다. 사람들은 또한 긍정적인 자아상을 형성하고 강화하고 싶어 한다.

이 기법이 효과적인 이유는 당신이 처한 상황의 실제적 진실을 반영하기 때문임을 명심하라. 당신이 팔고 있는 무엇은 실제로 모두를 위한 게 아니다. 그것이 무엇이든 대다수의 사람들은 사지 않으니까 말이다. 당신이 거리에 나가서 생면부지의 사람들에게 공짜로 100달러 지폐를 나눠준다고 상상해보라. 모든 사람이 그 돈을 받을 것 같은가? 아마 그렇지 않을 것이다. 어떤 사람들은 분명 모종의 속임수나 함정이 있다고 생각하고 거부할 것이다. 결국 공짜 100달러조차 모두를 위한 것이 될 수 없다. 그래서 이 기법이 빛을 발하는 것이다. 대다수의 사람들이 당신의 제품을 사지 않는다는 사실이 오히려 도움이 되게 하니까 말이다.

이 조언은 모두를 위한 게 아니다. 대부분의 사업주나 마케터, 세일즈맨들은 사람들을 쫓아 보내는 걸 너무 두려워한다. 그들은 모두와 거래를 맺으려고 애를 쓰며 늘 예전부터 써오던 똑같은 세일즈 기법에 매달린다.

내가 소개하는 접근방식은 배짱과 인내심이 있고 심리학적 사고방식을 갖췄으며 기꺼이 새로운 것을 시도하는 사람들만을 위한 것이다. 당신이 만약 여기에 해당하면 나의 조언은 당신을 위한 것이다. 해당하지 않더라도 괜찮다. 계속 펭귄으로 살면 되니까.

PART

2

빅 아 이 디 어 를
창 출 하 라

05

존 말코비치 되기

고객의 눈으로
세상을 보라

───

　펭귄들 대부분은 자기 자신에게만 몰두한다. 인정하지 않으려 하겠지만 자신의 눈으로만 세상을 본다. 설령 고객의 눈으로 세상을 보고 싶다고 해도 그렇게 하는 방법을 모른다. 이것이 대부분의 펭귄이 무리에서 두드러지지 못하거나 많은 돈을 벌지 못하는 주된 이유다.

　찰리 카우프먼(Charlie Kaufman)이 각본을 쓴 〈존 말코비치 되기(Being John Malkovich)〉라는 영화를 본 적이 있는가? 내가 가장 좋아하는 영화 중 하나다. 우리 사회의 자기중심적인 문화를 풍자하는 내용이다. 남자 주인공 크레이그 슈와르츠[(Craig Shwartz, 존 쿠삭(John Cusack) 분]는 어느 날 사무실 캐비닛 뒤에서

벽에 난 문을 하나 발견하는데, 그 속으로 들어가보니 존 말코비치의 몸과 마음이다. 슈와르츠는 존 말코비치의 눈을 통해 세상을 보고 그의 모든 감정을 같이 느낀다. 아주 재미난 세상이 펼쳐지는 것이다.

개인적으로 가장 인상적인 장면은 존 말코비치 본인이 그 문을 통해 들어가는 부분이다. 모든 사람이 존 말코비치처럼 생겼고 모두가 계속 "말코비치, 말코비치, 말코비치"라고 말한다. 이 장면을 통해 카우프먼이 말하고자 하는 것은 무엇인가? 우리 대부분이 자기중심적일 뿐 아니라 거기서 한 걸음 더 나아가 우리 자신을(우리의 두려움과 열망과 감정을) 다른 모두에게 투영하려 한다는 것이다. 심리학에서는 이를 투사(projection)라고 부른다.

펭귄들은 투사의 달인이다. 자기 자신과 자신의 상품에 대해 말하는 걸 너무 좋아하고 자신의 스토리를 모든 사람이 듣고 싶어 할 것으로 생각한다. 모든 잠재고객이 단지 자신이 투사된 객체일 뿐인 소설 속의 세상을 살고 있는 것이다. 가련한 펭귄들….

그들은 잠재고객들이 그들이나 그들의 제품에 별다른 관심이 없다는 사실을 깨닫지 못한다. 잠재고객들은 펭귄들과 거래를 맺고 싶지 않다. 지루하고 자기중심적이라고 생각하기 때문이다. 그래서 대부분의 펭귄들이 많은 매출을 올리지도 많은 돈을 벌지도 못하는 것이다. 그들은 고객의 눈으로 세상을 보는 방법을 모른다. 존 말코비치처럼 굴고 있는 것이다.

너무나도 명백하다.

펭귄이 되고 싶지 않다면 고객의 눈으로 세상을 봐야 한다. 고객이 생각하는 것을 생각해야 하고 고객이 느끼는 것을 느껴야 한다. 하지만 어떻게? 고객의 마음속으로 들어갈 수 있는 모종의 문이라도 있는 건가?

타이타닉 기법

그런 문이 있다면 얼마나 좋겠는가! 모든 게 훨씬 쉬워질 테니 말이다. 하지만 아쉽게도 그런 문은 없다. 그러나 누구나 이용할 수 있는 기법은 있다. 바로 타이타닉 기법이다.

당신이 요즘 새로운 구르메 패키지를 팔고 있다고 상상해보자. 모든 것의 수준을 한 단계 높여주는 새롭고 더 나으며 전혀 다른 무엇이다. 당신은 잠재고객들에게 이 새롭고 특별한 상품이 모두를 위한 게 아니라고 말한다. 그 덕분에 이미 그 새롭고 특별한 상품을 구매한 100명 또는 200명 내외의 이상적인 고객을 확보한 상태다.

자 이제, 또 한 명의 잠재고객을 만나고 있다. 이상적인 고객 유형에 속하는 여성이다. 그녀를 상대로 마케팅 프로세스를 단계별로 밟아 나간다. 곧 계약을 체결할 것 같다. 그런데 돌연 그녀의 휴대폰이 울린다. 그녀의 개가 차에 치였다는 전갈이다. 충격과 불안에 휩싸인 그녀는 서둘러 양해를 구하고 문으로 돌진한다. 그러고 나서 다시는 그녀를 보지 못한다.

이 예기치 않은 상황 변화를 떠올릴 때마다 당신은 아쉬움을 느끼지만 큰 실망감과는 거리가 멀다. 어쨌든 이미 200명의 멋진 고객이 있지 않은가!

하지만 한편 그 여성이 걱정되기도 한다. 그녀가 자신의 특별한 구르메 패키지를 이용하지 않으면 몇 가지 매우 나쁜 일이 그녀에게 발생할 수도 있다는 것을 알기 때문이다. 나쁜 일들이란 무엇일까?

나는 이 접근방식을 타이타닉 기법이라고 부른다. 위의 질문에 대한 답을 찾기 위해 이러한 잠재고객을 타이타닉 호의 선장으로, 그리고 당신을 그에게 구명보트를 팔려고 시도하는 사람으로 가정해보자. 당신은 펭귄이므로 여느 펭귄과 똑같이 당신네 구명보트의 특징에 대해 말한다. 더 크고 더 가벼우며 더 빠르게 펼쳐진다고 말이다. 하지만 선장은 아무런 관심을 보이지 않는다. 왜? 자신의 배가 가라앉을 리 만무하다고 생각하기 때문이다. 타이타닉 호는 절대 가라앉지 않는 배, 일명 불침선으로 불리는 배였다.

선장의 완고한 거부에 부딪친 당신은 선장의 입장에서 생각해보려고 노력한다. 만약 당신의 구명보트를 구입하지 않으면 선장에게는 어떤 나쁜 일들이 일어날 수 있을까? 같이 한번 살펴보자. 배가 빙산을 들이받을 수도 있다. 그래서 침몰이 시작되면 구명보트가 부족해 1,800명이 죽을 수 있고 거기에 선장도 포함될 수 있다. 뿐만 아니라 훗날 할리우드에서 레오나르도 디카프리오(Leonardo DiCaprio)와 케이트 윈슬렛(Kate Winslet) 주연으로 블록버스터 영화를 만들어 선장을 멍청이처럼 보이게 만들지도 모른다.

결국 해야 할 첫 번째 일은, 고객은 대개 제품의 특성이나 세부 사항에 별다른 관심이 없다는 사실을 깨닫는 것이다. 고객의 관심을 끌어 붙잡아두려면 당신에 대한 게 아니라 그들에 대한 스토리를 만들어야 한다. 그들의 배가 침몰할 수도 있고 그래서 당신의 구명보트가 필요하다는 점을 납득시켜야 한다.

차를 운전하고 있는데 갑자기 차체에서 삐걱거리고 쨍그랑거리는 소리가 나기 시작하면 당신은 어떻게 하는가? 그런 상황으로 이 문제를 다시 한 번 생각해보자. 차에서 이상한 소리가 나서 즉시 정비소를 찾은 상황 말이다. 정비공이 보닛을 열고 살펴본 후 당신에게 피스톤과 디스트리뷰터 캡에 대해서 말하기 시작한다. 하지만 당신은 그 말이 귀에 잘 들어오지 않는다. 머릿속에는 온통 '오후 네 시까지 차를 고쳐야 아들을 축구 시합에 데려다줄 수 있는데' 하는 걱정이 가득 차 있기 때문이다. 당신이 알고 싶은 건 네 시까지 고칠 수 있느냐 하는 것뿐이다. 정비공은 마치 멍청이라도 상대하는 양 당신을 쳐다본다. 그는 피스톤이나 디스트리뷰터에 대해 당신이 관심이 없다는 사실을 깨닫지 못한다. 당신은 그저 아이를 축구 시합에 늦지 않게 데려다줄 수 있기를 바랄 뿐이다.

이것이 바로 우리가 최악의 시나리오까지 상정해서 선장에게 궁극적인 위험이 무엇인지 말해줘야 하는 이유다. 구명보트에 대한 얘기는 집어치우고 물에 빠진 사람들에 대해 말해야 한다. 나 자신에 대해서가 아니라 선장에 대해서 말해야 한다. 물론 그래도 선장은 고집을 꺾지 않으면서 거부할지도 모른다. 그렇더라도 선장을 도울 수는 없겠지만 어쨌든 시도는 해봐야 한다. 당신은 단지 구명보트를 팔려고 애쓰는 것이 아니라 생명을 구하기 위해 노력하는 것임을 잊지 말라.

여기에서 변화가 시작되는 것이다. 구명보트를 파는 게 아니라 생명을 구하기 위해 노력하는 것으로 생각하는 순간 우리는 고객의 눈으로 세상을 보기 시작할 수 있다. 그러면 당신이나 당신의 제품에 대해 말하는 대신 고객과 그의 현안에 대해 말하게 되고 그러면 고객은 귀를 기울인다.

되짚어 정리하면서 장을 마무리하자. 만약 당신이 잠재고객과 그의 현안에 초점을 맞춰 모든 말을 하면 그는 관심을 갖는다. 당신이 아닌 그에 대해 대화를 펼쳐나가는 것이기에 그렇다. 일견 명백해 보이는 이 조언을 내가 이렇게 반복하는 이유는, 대부분의 경제경영서 필자나 비즈니스 권위자들이 결코 천명하지 않는 무언가를 당신에게 말해주기 위해서다. (당신과 나만 아는 비밀로 지켜줄 것을 약속하기 바란다.) 그것은 바로 당신의 잠재고객 대부분 역시 펭귄들이라는 사실이다. 그들의 세상 또한 그들 중심으로 돌아간다. 그러므로 보다 많은 고객을 얻고 보다 많은 돈을 벌고 싶으면 그들에 대한 스토리를 만들어 들려줘라. 그들이 가장 좋아하는 주제가 그것이니까.

최상의 이득

PINK
PENGUIN

고객이 진정으로
원하는 것을 주어라

패키징의 핵심 원칙은, 고객이 원하는 최상의 이득을 파악해 명확히 표현하는 것이다. 그래야 당신과 당신의 빅아이디어가 잠재고객에게 보다 유의미해지고, 또 그래야 잠재고객의 관심도 끌어낼 수 있다.

예를 들어 당신이 웹사이트 제작 회사를 운영한다고 상상해보자. 당신은 멋진 부가기능을 골고루 갖춘 놀라운 웹사이트를 만들어 줄 뿐 아니라 검색엔진의 최적화까지 갖춰준다. 당신의 회사는 전국웹사이트디자인 협회에서 수여하는 상까지 몇 차례 받았다. 당연히 잠재고객을 만나면 회사의 서비스와 클라이언트, 수상 내역 등에 대해 말하고 그동안 만든 멋진 웹사이트들을 보여줄 것이다. 잠재고객은 인상 깊게 생각하는 눈치지만 무슨 이유에서인지 계약을 할 만큼 연결되는 느낌은 없다. 그렇게 그는 당신의 사무실을 떠나 다시 돌아오지 않는다.

당신이 이 잠재고객과 거래 관계를 맺지 못한 데에는 여러 가지 이유가 있을 수 있다. 그중 고객이 원하는 최상의 이득을 파악하지도, 표현하지도 않았기 때문에 그런 결과가 나왔을 가능성이 가장 크다. (이렇게 보면) 실패의 원인은 당신이 잠재고객에게 기능이 뛰어나고 멋있는 웹사이트를 만들어주는 것에 대해서만 말했기 때문이다. 물론 검색엔진상의 최적화까지 이뤄서 웹을 검색하는 유저들이 해당 웹사이트를 쉽게 찾을 수 있도록 해주겠다는 제안도 했다. 이런 모든 것은 훌륭한 이득이긴 하지만 최상의 이득은 아니다.

그렇다면 그 잠재고객이 찾던 최상의 이득은 무엇이며 당신의 웹사이트 제작 회사가 패키징해서 명확히 표현해야 했던 것은 무엇인가?

그 고객이 애당초 웹사이트를 만들고자 한 이유가 무엇이겠느냐는 말이다. 고객의 관점에서 바라보면 최상의 이득은 불을 보듯 분명해진다. 그는 고객을 더 많이 확보하고 싶었던 것이다. 물론 멋져 보이는 웹사이트를 갖고 구글 첫 페이지에 노출되는 것도 원했다. 하지만 그것은 2차적 이득에 불과하다. 새로운 고객을 확보하는 것, 이것이 그가 원한 최상의 이득이다.

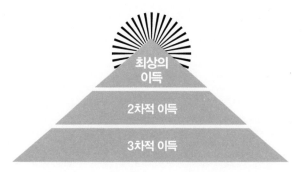

많은 펭귄들이 사업에 실패하는 이유는 고객들이 진정으로 원하고 필요로 하는 최상의 이득에 초점을 맞추지 않기 때문이다.

이것 역시 누구나 다 알 수 있는 자명한 이야기처럼 들린다. 하지만 그렇지 않다. 지금까지 수천 명에 달하는 사업주들과 대화를 나눠봤지만 자신이 제공하는 최상의 이득에 대해서 강조하는 사람은 극소수에 불과했다. 자신이 하고 있는 일에 깊이 사로잡힌 나머지 자신의 제품이나 서비스에 담긴 진정한 목적을 완전히 잊은 사람들이 그렇게 많다는 뜻이다. 그들은 고객의 아들을 축구 시합에 늦지 않게 데려다주는 일에 대해서 말해야 하는 상황에서 피스톤과 디스트리뷰터에 대해서만 설명한다.

또 하나의 예를 살펴보자.

나의 클라이언트인 어느 장례식장 사업자의 사례다. 그는 놀랍도록 쾌활하고 정감 넘치는 사람이었다. 업계의 여타 펭귄들보다 돋보이길 원했지만 머릿속에 장애물이 버티고 있었다. 고객의 2차적 이득에 집착하고 있었던 것이다. 그는 장례 사전계획 서비스와 다양하게 구비한 장례용품, 그리고 직원들이 제공하는 전문적이고 효율적인 서비스에 대해서만 강조했다. 2차적 이득에 대한 이러한 집중은 그 장례식장의 브로슈어와 웹사이트, 그리고 여타 마케팅 도구들에도 그대로 반영되었다. 결국 그의 스토리 모두가 고객에 대한 게 아니라 자신과 자신의 장례식장에 대한 것이라는 점이 문제였다.

상황을 돌려놓고 최상의 이득을 파악하기 위해 우리는 함께 앉아 여러 시간

동안 그의 고객에 대한 이야기를 나누었다. 고객의 눈으로 세상을 보기 위한 노력의 일환이었다. 그러면서 우리는 고객들이 애도의 과정을 품위 있게 진행하도록 돕는 장례식장을 찾는다는 사실을 깨달았다. 그들은 사랑하는 망자의 바람대로 제반 과정을 수행할 수 있기를 원했다. 하지만 가장 중요한 것은, 그들이 같이 대화를 나누며 슬픔을 달랠 수 있는 장의사에게 일을 맡기고 싶어 한다는 사실이었다. 장례 조립라인을 구성하는 하나의 톱니바퀴처럼 취급되는 게 아니라 위로받고 보살핌을 받는다는 느낌을 원했다. 또한 담당자가 배려를 기반으로 모든 절차를 도와주길 바랐다.

고객이 원하는 최상의 이득은 그런 것이었다. 장례식장은 고객들로 하여금 위로와 보살핌을 받는다고 느끼게 할 필요가 있었다. 관과 조화, 유골함이 중요한 게 아니었다. 고객이 어떤 느낌을 받도록 만드느냐가 중요한 것이었다.

고객이 원하는 최상의 이득을 이해한 후 그 장례식장은 업계의 다른 펭귄들과 확연히 다른 면모를 보이기 시작했다. 그들은 스토리를 바꾸고 모든 마케팅 자료에 배려하고 위로하는 자세를 반영했다. 장례식장 사진으로 도배했던 브로슈어도 고객의 사진으로 교체했다. 그리고 장례 방식에 변화를 가했다. 고객들이 슬픔을 달래고 위로와 보살핌을 더 많이 느끼도록 돕는 데 보다 많은 시간을 할애했다.

이러한 관점 변화 덕분에 장례식장은 또한 자신의 사업에 대해서도 다르게 생각하게 되었다. 최상의 이득에 초점을 맞춤으로써 고객들이 그러한 이득을 깨닫도록 돕는 새로운 방법들을 도출할 수 있었다. 예를 들면, 그들은 고객의 장례 준비 과정이 보다 빠르고 보다 쉬워지도록 능률화했다. 또한 심리치료사를 채용해 고객이 원하는 경우 상담이나 도움을 받을 수 있게 했다.

자, 당신의 고객이 찾는 최상의 이득은 무엇인가? 몇 가지 예를 들면 다음과 같다.

● 금융 서비스

2차적 이득: 돈을 버는 것

최상의 이득: 꿈꾸던 삶을 실현하는 것

● 의료 서비스

2차적 이득: 질병을 치료하는 것

최상의 이득: 건강한 생활방식을 향유하는 것

● 뷰티/패션 사업

2차적 이득: 멋져 보이는 것

최상의 이득: 자신에 대해 기분 좋게 느끼는 것

●비즈니스 컨설팅

2차적 이득: 사업계획을 창출하는 것

최상의 이득: 사업목표를 달성하는 것

●애완동물 사료 사업

2차적 이득: 애완동물이 좋아하는 사료를 확보하는 것

최상의 이득: 애완동물을 돌보며 보람을 느끼는 것

●업무용 소프트웨어 사업

2차적 이득: 업무의 효율성을 강화하는 것

최상의 이득: 사업을 성공시키는 것

●테니스 라켓 사업

2차적 이득: 보다 강력하게 공격을 가하는 것

최상의 이득: 보다 많은 승리를 거두는 것

고객이 원하는 최상의 이득을 패키징하면 고객과 더 나은 관계를 맺을 수 있다. 당신이 고객에게 더욱 유의미한 존재가 되기 때문이다.

우리 회사에 복사기를 판매하는 세일즈맨인 행크(Hank)를 예로 들어보자. 나는 그에게 별다른 유대감을 느끼지 않는다. 그가 나의 최상의 이득을 깨닫지도 패키징하지도 않기 때문이다. 행크는 오로지 자기 자신과 자기 회사의 복사기에 대해서만 말한다. 그는 자기가 제공할 수 있는 이득은 복사가 잘 되는 복사기라고만 생각한다. 실제로 그의 관점에서는 회사가 복사를 해주는 사업에 종사하는 것이나 다름없다. 이것이 우리 사이에 유대가 형성되지 않는 이유다. 행크는 우리가 하는 일이 빅아이디어 패키징이라는 것조차 모른다. 또한 내가 원하는 것이 사업 성장이라는 사실도 모른다. 그것을 달성하기 위해 내가 노력을 기울이고 있는데 말이다. 복사가 잘 되는 게 핵심이 아니다.

만약 행크의 초점이 내가 최상의 이득을 성취하도록 돕는 데 맞춰진다면 나는 그와 훨씬 더 큰 유대감을 느끼게 될 것이다. 그의 서비스를 그만큼 더 중요하게 여길 게 분명하다. 또한 그를 2년마다 찾아와 더 비싼 복사기를 팔려고 성가시게 구는 세일즈맨이 아니라 전략적 파트너로 보게 될 것이다.

또 내가 그의 장비를 이용해 나의 고객에게 새로운 것을 팔며 돈을 벌 수 있는 방법에 대해 행크가 생각하기 시작한다면 어떤 일이 벌어질까? 나는 분명 보다 크고 보다 비싼 복사기를 구입하는 데 흥미를 느낄 것이다. 하지만 행크는 그렇게 하지 않고 있다. 그는 2차적 이득에만 초점을 맞추고 나나 내가 이루려는 바와 무관하게 움직이고 있다.

고객의 눈으로 세상을 바라본다면

고객이 원하는 최상의 이득을 정확히 찾아내는 것이야말로 모든 펭귄들의 탈출용 비상구다. 펭귄 무리에서 두드러지고 싶으면 2차적 이득을 넘어서는 사고로 빅아이디어를 도출해야 한다. 고객의 눈으로 세상을 봐야 하는 것은 물론이다. 그렇지 않으면 다른 펭귄과 똑같은 사고방식에 사로잡혀 돌파구를 찾지 못하게 될 것이다.

하지만 만약 고객의 최상의 이득에 초점을 맞춘다면 업계의 다른 펭귄들이 제공하는 제품이나 서비스와는 전혀 다른 빅아이디어를 많이 생각해내게 될 것이다.

결국 핵심 질문은 이것이다. 고객이 원하는 최상의 이득은 무엇인가?

추가로 덧붙이고 싶은 요점이 있다. 당신이 이 책을 읽음으로써 얻고자 하는 최상의 이득을 내가 이해한다고 확신하는가? 혹시 모르니 말로 옮기겠다. 당신은 더 많은 고객을 확보해 더 많은 돈을 벌기 위해 이 책을 읽고 있다. 당신이 이 책을 통해 원하는 최상의 이득이 그것이다. 2차적 이득은 빅아이디어를 패키징함으로써 무리에서 돋보이는 것이다. 당신이 그러길 원하는 이유는 보다 많은 고객을 확보해 보다 많은 돈을 벌기 위해서다. 내 말이 틀렸는가?

07

변혁 경제

PINK
PENGUIN™

무한한 빅아이디어의
샘을 발견하라

―――

대부분의 펭귄들이 계속 그들의 유빙을 벗어나지 못하는 이유는 고객에게 제공할 수 있는 새로운 가치를 생각해내지 못하기 때문이다. 그들은 달이 가고 해가 바뀌어도 늘 같은 제품만 판매한다. 제품에 일부 개선을 가하긴 하지만 본질이 달라지는 것은 아니다. 앞서 언급했듯이 그들은 200년간의 산업혁명에 세뇌당한 상태다. 그들의 머리는 오직 제품만 생각한다.

그들이 고객에게 제공할 수 있는 새로운 가치를 생각해내지 못하는 이유는 매우 좁은 시각으로 전체 상황을 보기 때문이다. 그들은 단지 제품만 판매함으로써 한 가지 특정한 방식으로만 고객을 돕는다. 예를 들면, 치약을 팔아 고객의 치아 위생을 돕고, 생명보험을 팔아 고객의 가족을 보호하고 복사기를 팔아 고객의 업무를 돕는다.

하지만 우리가 확인한 바와 같이 고객은 대개 그보다 높은 수준의 이득을 찾고 있다. 최상의 이득 말이다. 단순히 이를 닦는 것뿐 아니라 멋져 보이길 원하고, 가족을 보호할 뿐 아니라 마음의 평화를 얻고 싶어 하며, 업무의 편리함뿐 아니라 사업의 성공을 열망한다.

그러한 최상의 이득이 당신이 제공할 수 있는 가장 중요한 가치임을 깨닫지 못하면 당신은 여전히 제품을 파는 데에만 몰두하고 결과적으로 많은 돈을 벌수 있는 기회를 놓친다. 고객이 최상의 이득을 성취하도록 도울 수 있는 멋진 기회마저 죄다 놓치는 것은 물론이다.

이 장에서 내가 말하고자 하는 것은 궁극적 최상의 이득이 한 가지 있다는 사실이다. 대부분의 회사들이 깨닫지 못하는 그것은 바로 고객의 변혁적 성공이다. 고객이 원하는 궁극적 최상의 이득은 기존의 모습에서 탈피해 많은 면에서 새로운 면모를 갖추는 변혁이다. 고객이 그러한 변혁을 성취하도록 도와야 한다는 것을 아는 사업가는 실로 극소수에 불과하다. 당신의 회사를 고객의 변혁을 돕는 조직으로 보게 되면 당신은 무한한 빅아이디어의 샘에 다가서게 된다.

그렇다면 어떻게 하면 되는가?

그 방식을 이해하기 위해 당신이 피트니스 클럽을 운영한다고 상상해보자. 당신은 5년 전에 피트니스 클럽을 개업했고 연회비로 750달러를 부과했다. 그리고 2년 동안 짭짤한 수익을 맛봤다. 길 건너편에 또 다른 클럽이 생기기 전까지는 말이다. 새로 문을 연 클럽은 운동기구를 더 많이 갖췄으면서도 연회비로 고작 500달러를 받았다. 그래서 당신도 공간을 늘려 새로운 장비를 추가하고 회비를 500달러로 낮출 수밖에 없었다. 결과적으로 마진이 줄었을 뿐 아니라 신규회원을 가입시키는 일도 더 어려워졌다. 더욱이 또 하나의 피트니스 클럽이 문을 열면서 상황은 더욱 악화되었다. 당신은 연회비를 다시 400달러로 낮춰야 했다.

실망과 걱정에 휩싸인 당신은 나름의 현황 파악 및 자기 탐구에 들어갔고, 그러면서 자신이 회비와 관계없이 고객들이 최상의 이득을 성취하도록 돕고 있지 않다는 사실을 깨달았다. 보다 건강하고 멋진 몸을 만들어 보다 행복한 삶을 사는 것이 고객들이 원하는 최상의 이득이었다. 당신은 클럽에 회원들이 따를 만한 계획이나 프로세스가 없는 탓에 애초의 목표를 이뤄 멋진 몸매로 거듭나는 회원이 별로 없다는 사실을 깨달았다. 제대로 된 과정을 밟아 나가도록 돕는 코치도 없었다. 회원들은 그저 클럽에 와서 이 기구 저 기구를 두서없이 이용하다 돌아갈 뿐이었다. 의지가 강한 몇몇 회원만이 꾸준히 몸을 만들어 나갈 뿐, 많은 회원들은 초기의 열정이 식으면 클럽에 나오지도 않는 실정이었다. 또한 당신은 회원들에게 필요한 것이 운동만이 아니라는 사실을 깨달았다. 그들에게는 보다 나은 식습관과 보다 건강한 생활방식도 필요했다. 결국 대체로 당신은 고객들이 최상의 이득을 실현하도록 돕는 데 실패했다. 자신의 사업을 매우 좁은 시각으로 바라보고 있었기 때문이다.

당신은 이러한 인식을 토대로 회원들이 변혁을 달성하도록 돕는 구르메 프로그램을 창출하기로 결정한다. 일반 회원을 위한 400달러 연회비를 그대로 유지하는 한편, '그레이트 셰이프 포뮬러(GSF)'라는 이름의 구르메 프로그램을 만들어 4,000달러에 제공하는 방식이다. 당신은 그 가격으로는 모두를 위한 프로그램이 될 수 없다는 것을 잘 알고 있다. 하지만 진정으로 멋진 몸매를 원하고 그것을 위해서라면 많은 돈을 기꺼이 내는 사람들이 많다는 것도 잘 안다.

회원들이 클럽에 처음 가입할 때의 몸 상태에서 벗어나 많은 면에서 바람직한 신체를 갖추도록 도울 수 있는 온갖 방법을 동원해 프로그램을 개발한다. 회원들은 전형적으로 과체중에다 근육이 빈약하며 심혈관 기능이 약화된 상태다. 게다가 자긍심이 부족하고 스트레스를 많이 받는다. 전반적인 신체 건강뿐 아니라 정신 건강도 열악하다는 얘기다.

당신은 어떻게 프로그램을 짜야 회원들이 완벽한 체형을 갖추게 될지 고심한다. 그들은 먼저 신장과 체구에 맞는 체중에 이르러야 한다. 몸이 더 튼튼해져야 하고 심혈관 기능도 최상의 상태로 회복해야 한다. 또한 마음이 보다 여유로워져야 하고 자긍심도 높아져야 한다.

방향은 나왔다. 자, 망가진 몸에서 바람직한 면모로 변혁을 이루려면 이제 구체적으로 어떻게 하도록 도와야 하는가? 그들은 분명히 일주일에 적어도 세 차례, 한 시간 이상씩은 운동해야 한다. 그들이 지속적으로 운동하도록 이끌며 적절한 운동법을 가르치는 코치도 필요하다. 과정을 밟아 나가는 과정에서 의료 검진을 받게 할 필요도 있다. 심신 단련에 도움이 되는 요가도 필요하고 건강을 위한 식습관 상담도 필요하다. 피트니스와 건강에 영향을 미치는 정신적 혹은 정서적 장애가 있는 경우 그것을 떨쳐내도록 돕는 심리치료도 필요하다.

회원들의 변혁을 촉진하기 위해 당신은 이들 요소를 적절한 순서로 연결한다. 첫 번째 단계는 비전 확립 및 프로그램 계획이다. 두 번째는 의료 검진이고, 세 번째는 피트니스, 네 번째는 식단 계획, 다섯 번째는 요가 수업, 이런 식으로 18단계까지 이어진다.

이들 요소와 단계를 시험하고 다듬으며 당신은 완벽한 변혁 프로세스를 마

고객이 엉망으로 망가진 기존의 모습에서 갖가지 바람직한 면모로 변혁을 완성하도록 도우면 당신은
고객에게 기하급수적으로 증가된 가치를 제공할 수 있고, 결과적으로 많은 돈을 벌 수 있다.

련하는 데 도달한다. 누구든 이 18단계 프로그램을 밟으며 필요한 모든 것을 수행한다면 망가진 모습에서 바람직한 면모로 완벽한 변혁을 이룰 것이 확실하다.

이러한 프로세스의 창출은 사업에도 완전한 변혁을 안겨준다. 당신은 제품(혹은 서비스)에 집중하는 좁은 시각에서 벗어나 고객에게 기하급수적으로 증가된 가치를 제공하고 결과적으로 많은 돈을 번다.

이러한 특별한 프로그램은 또한 피트니스 클럽의 평판을 올려준다. 지역 언론 매체들이 관심을 갖고 당신의 새 프로그램이 얼마나 효과적인지에 대한 기사를 게재한다. 당신은 책을 쓰고 비디오를 출시한다. 다른 피트니스 클럽들은 자신의 클럽에서도 당신의 프로세스를 이용할 수 있도록 라이선스를 줄 수 있는지 문의한다. 모두가 그 멋진 프로세스의 성공 방안을 배우고 싶어 한다. 당신의 빅아이디어가 하늘에서 밝게 빛나는 별이 되는 것이다.

경제의 변혁

산업화 시대의 경제는 이제 수명을 다했다는 것이 많은 사람들의 인식이다. 다만 어떤 새로운 경제가 그것을 대체할 것인지 모를 뿐이다. 나는 변혁 경제가 그것을 대체하는 새로운 경제로 부상할 것이라고 주장한다.

사실을 직시하자. 매매에 기초하는 구(舊)경제는 이제 더 이상 쓸모가 없다. 전처럼 효력을 발휘하지도 잘 굴러가지도 못하기 때문이다. 방대한 양의 에너지를 소비하면서 지속 불가능한 수준의 쓰레기를 생성하는 데다 궁극적으로 최상의 이득을 제공하지 못한다. 사실 산업화 경제 대부분의 산업은 좋은 결과를 전혀 안겨주지 못한다.

금융서비스 산업에 대해 생각해보자. 수천 가지에 달하는 금융 상품과 서비스가 있다. 또 수백 개에 달하는 금융 기관이 있고 수백만 명에 달하는 자산관리사가 활동한다. 뿐만 아니라 연일 다량의 금융투자 조언이 TV 쇼와 뉴스레터, 웹사이트 등을 통해 쏟아져 나오고 투자에 대해 가르치는 수천의 과정과 학교들이 수강생을 모은다. 하지만 하루가 끝나갈 무렵, 자신의 돈과 관련해 전문가의 조언에 따라 움직인 사람은 과연 얼마나 될까? 1퍼센트? 2퍼센트? 기껏해야 그 정도다. 그렇게 시장 인구의 고작 1~2퍼센트에게만 영향력을 행사하면서 어떻게 금융서비스 산업이 제대로 기능한다고 말할 수 있는가?

그렇다면 그것은 왜 제대로 기능하지 못하는 걸까? 구경제는 단 한 가지, 즉 매매에만 좁게 초점을 맞추기 때문이다. 내가 '매매 경제'라 부르는 이 경제의 각 플레이어들은 특정한 제품이나 서비스를 고객에게 판매한다. 금융서비스

업계에 종사하는 펭귄들은 예컨대 뮤추얼 펀드를 팔거나 자산관리 계획을 세워주고 수수료만 챙기면 그만이라고 생각한다. 어느 누구 하나 고객이 완전한 변혁을 이루도록 돕지 않는다. 그럴 생각조차 못하는 것이다.

다른 모든 산업의 경우도 마찬가지다. 의료 산업은 제대로 기능하고 있는가? 사람들이 전반적으로 더 건강해지고 있는가? 제약 회사들과 병원들은 진정으로 사람들이 건강한 몸을 만들고 건강하게 살아가길 원하는가? 나는 그다지 확신이 들지 않는다. 환자가 줄어 고객을 잃게 되는 상황을 과연 그들이 진정으로 원하는지 의심스럽다.

자동차 산업은 제대로 기능하고 있는가? 자동차 회사들과 정유 회사들은 진정으로 사람들이 유지보수가 별로 필요 없는 녹색에너지 차량을 몰고 다니길 원하는가? 그들은 진정 사회의 운송 시스템이 보다 나은 방향으로 개혁되길 원하는가? 이 역시 나는 그다지 확신이 들지 않는다. 그들 또한 그러면 고객을 잃게 될 것으로 생각한다.

교육 시스템은 제대로 기능하는가? 오늘날 아이들은 예전보다 더 잘 교육되고 있는가? 읽고 쓸 줄 알고 기본적인 산술 능력을 갖춘 사람들의 수는 늘고 있는가? 아니면 줄고 있는가? 사실을 직시하자. 교육 시스템 역시 망가진 상태다. 전체 시스템을 변혁의 과정으로 보는 교육 종사자들이 없기 때문이다.

산업화 경제의 다른 모든 것들과 마찬가지로 오늘날의 교육은 단편적인 방식으로 행해지고 있다. 교육 산업 역시 매매 모델에 기초하는 탓에 불완전하고 혼란스러우며 궁극적으로 효과가 없다.

이들 산업의 종사자들이 변혁적 시각을 채택하는 경우를 상상해보자. 만약 그들이 고객들이 바람직한 면모를 갖추도록 돕는 변혁 프로세스를 개발하면 어떻게 될까? 나는 그러면 우리의 경제에 변혁이 일어나고 우리 사회에 새롭고 크고 흥미진진한 아이디어가 무한히 샘솟게 될 것으로 확신한다. 매매를 행하는 것에서 변혁을 촉진하는 쪽으로 의도만 전환하면 이들 산업은 모두 작금의 규모와 영향력을 훨씬 뛰어넘는 수준으로 성장할 것이다.

나는 이것이 또한 도덕 및 윤리와 관련된 현안이라고 믿는다. 대부분의 사람들은 자신의 일에 선의를 담으려고 노력하지만 매매 기반의 경제는 본질적으로 타락을 조장한다. 좋은 사람들을 단지 돈을 벌거나 할당량을 맞추기 위해 뭔가를 팔려고 애쓰는 세일즈맨으로 전환시켜버린다. 그들은 고객에게 도움이 되건 안 되건 제품을 팔기만 하면 된다고 스스로를 납득시킨다.

하지만 이런 태도는 지속성을 가질 수 없다. 결국 고객들이 그런 제품들로는 최상의 이득을 성취할 수 없음을 알게 되기 때문이다. 그래서 오늘날의 비즈니스 종사자들이 내가 말하는 '윤리 명령'에 직면해 있는 것이다. 윤리적으로 행위를 하라는 명령이자 그렇게 하지 않으면 지속적인 성공을 누릴 수 없다는 경고다. 이제 인터넷과 소셜네트워크서비스(SNS)를 통해 즉각적으로 말이 퍼지는 세상이다. 그런 세상에서 그릇된 의도를 토대로 구축된 성공이 어떻게 지속성을 가질 수 있겠는가? 그래서 나는 변혁 경제가 훨씬 더 잘 작용할 것으로 믿는 것이다. 변혁 경제는 보다 큰 번영을 안겨줄 뿐 아니라 비즈니스 종사자들이 보람까지 느끼게 만든다. 진정으로 고객들을 돕게 될 것이기 때문이다.

　나 나름의 작은 고찰이지만 나는 진심으로 확신한다. 올바른 의도를 가지면 우리는, 사람들이 변혁을 성취하도록 진정으로 돕는 사업체를 만들 수 있다. 당신은 제품 판매가 전부가 아니라 당신이 할 수 있는 훨씬 많은 일들이 있다는 사실을 깨달을 것이다. 그런 깨달음에 이르면 사람들을 돕는 빅아이디어가 당신에게서 고갈되는 일은 결코 없을 것이다.

08

3C

PINK
PENGUIN™

대부분의 펭귄은 제공하지 못하는
세 가지 혜택

지금껏 살펴본 바와 같이 빅아이디어를 도출해 업계의 여타 펭귄들과 차별화하고 싶으면 매매 경제에서 전형적으로 제공되는 것보다 더 많은 가치를 추가해야 한다. 고객이 최상의 이득을 성취하도록 도움으로써 매매가 아닌 변혁을 제공함으로써 빅아이디어를 개발할 수 있다. 이 장에서는 빅아이디어를 개발할 수 있는 또 하나의 방법을 살펴본다. 바로 고객에게 3C를 제공하는 방법이다.

3C는 관심(Caring), 코칭(Coaching), 코디네이션(Coordination), 이렇게 세 가지를 말한다. 낡은 매매 경제에서는 고객에게 좀처럼 제공되지 않는 혜택들이다. 관

심부터 거론해보자. 당신이 거래하는 공급업체 가운데 얼마나 많은 곳에서 당신에게 진정한 관심을 기울이는가? 그런 곳이 한두 업체라도 있다면 당신은 진정 운이 좋은 것이다. 이제 스스로에게 물어보라. 당신은 진정으로 고객이 그들의 목표를 성취하도록 돕는 데 관심을 기울이는가? 아니면 단지 무언가를 파는 데에만 노력을 기울이는가?

다음은 코칭에 대해 생각해보자. 고객들이 목표를 성취하는 데 필요한 모든 조치를 확실히 취해나가도록 시간을 내어 단계별로 코치해주는 사업체는 과연 몇이나 되는가? 극소수에 불과하다. 이제 자신에게 물어보자. 당신은 고객이 단계별 프로세스를 제대로 밟아나가도록 코치하는가? 아니면 단지 매매만 신속하게 완료하는가? 혹시 당신의 클라이언트 가운데는 포괄적인 프로세스에 대한 코칭을 받지 못해서 몇몇 중요한 단계를 빠뜨리는 사람은 없는가?

세 번째로 코디네이션에 대해 살펴보자. 여기서 코디네이션이란, 고객이 시장에 나온 제품이나 서비스를 목적에 맞춰 적절히 갖추고 조직화하도록 협조하고 조정해주는 것을 뜻한다. 쉽게 말해서 (고객이 이용하면 좋은) 제품이나 서비스에 대해 코디네이터 역할을 해주는 것이다. 고객이 이용할 수 있는 모든 자원을 검토하도록 돕고 그중에서 선별하도록 협조하는 회사는 과연 몇이나 되는가? 역시 소수에 불과하다. 대부분의 회사들은 자기들이 파는 제품이나 서

고객에게 이 3C를 제공하면 보다 많은 가치를 더하고 보다 많은 돈을 벌 수 있다.

비스만 보여준다. 그럼 전체를 볼 수 있도록 돕지는 않는다는 얘기다. 전체 그림을 보는 것은 고객이 알아서 해야 할 일로 판단하기 때문이다.

그렇다면 당신은 어떠한가? 고객이 시장에서 이용할 수 있는 모든 자원을 검토하고 조직화하도록 협조하는가? 아니면 당신이 팔아야 할 자원에만 국한해서 논의를 전개하는가?

불행히도 매매 경제에서는 3C를 제공하는 사례가 극히 드물다. 그래서 고객들이 그것들을 몹시 갈망하는 것이다. 그들은 누군가가 그러한 혜택을 제공해주길 그저 기다리고만 있다. 당신이 잡을 수 있는 기회가 널려 있는 셈이다.

자, 다시 하나하나 구체적으로 살펴보자. 첫 번째는 관심이다. 사업가들과 대화를 나눠보면 자신이 고객들에게 충분한 가치를 제공하지 못하는 것을 걱정하는 경우를 종종 접할 수 있다. 이러한 염려는 진심이기도 하고 칭찬받을 만도 하지만 대개는 근거가 빈약하다. 만약 진정으로 고객에게 관심을 기울였다면 이미 그들이 제공해야 하는 가치의 90퍼센트 정도는 제공하고 있어야 마땅하기 때문이다.

내가 이렇게 말하는 이유는, 많은 회사들이 고객에게 진정한 관심을 기울이지 않기 때문이다. 말로는 그런다고 하지만 실제 행태는 정반대 결과를 보여주는 경우가 허다하다. 매매에 초점을 맞추고 고객에게 특정 제품을 집요하게 들이미는 행태가 어떻게 고객에게 관심을 기울이는 것인가? 자신들의 이익에만 관심을 두는 것일 뿐이다. 안타깝지만 사실이 그렇다.

그래서 사람들이 진정으로 관심을 가져주는 누군가를 만나면 그토록 고마워하는 것이다. 요즘 세상에서 보기 드문 무엇으로 생각하기 때문이다. 그러므로 자기 탐구의 시간을 갖고 자문해보기 바란다. 나는 진정으로 나의 고객에게 관심을 쏟는가? 아니면 나 자신에게만 관심을 기울이는가?

당신이 정직한 사람이라면 스스로 내놓은 답에 놀랄 것이다. 분명 당신은 좋은 사람이지만 서로 잡아먹고 잡아먹히는 치열한 경쟁의 경제 체제가 당신을 어둠의 세상으로 빨아들인 것뿐이리라. 그렇다면 이제 방향을 되돌려야 할 때다.

고객에게 진정한 관심을 기울이는 방법은 아주 많다. 가장 중요한 것은 고객의 어젠다를 나의 그것보다 우선시하는 것이다. 고객이 그들의 목표를 달성하도록 돕는 일에 당신의 주된 목적을 두어야 한다. 그들의 성공을 당신의 성공의 원천으로 만들어라. 진부한 조언으로 들릴지 모르겠지만 이것만큼 진정으로 따르지 않는 조언도 드물다. 둘째, 고객의 니즈에 맞춰 기꺼이 당신의 사업을 조정하고 재구성하면 된다. 당신의 제품이나 서비스와 관련해 독단적이고 엄격하게 구는 행태에서 벗어나야 한다. 셋째, 빅아이디어를 창출함으로써 고객을 도울 수 있는 새로운 방법을 제시해야 한다. 그러면 당신이 늘 새로운 가치를 제공하기 위해 고객에게 충분한 관심을 기울인다는 사실이 입증될 것이다.

주의사항이 한 가지 있다. 관심을 가져주는 것이 중요하지만 어떤 고객을 돕느냐에 대해서도 주의를 기울여야 한다는 점을 잊지 말라. 고객이 당신을 무시하거나 하찮게 여기는데도 고객을 위한답시고 무조건 배려해서는 안 된다는 얘기다. 당신의 관심을 받고 싶어 하는 고객은 그에 걸맞게 당신을 존중하고 지불도 잘 해야 마땅하다. 당신이 살면서 관심을 기울일 수 있는 사람의 수는 한정되어 있다. 그러므로 선별을 해야 한다. 당신의 빅아이디어가 모두를 위한 게 아닌 이유도 여기에 있다. 당신의 빅아이디어는 당신이 쏟는 관심의 진가를 인정하는 사람들만을 위한 것이다. 그것을 모르는 사람들은 당신의 관심을 받을 자격이 없다.

두 번째는 코칭이다. 매매 경제에서는 대개 고객을 위해 마련된 단계가 하나뿐이다. 제품이나 서비스를 구매하는 단계 말이다. 판매자와 구매자가 맺는 관계의 범위도 좁게 한정된다. 하지만 사실 당신은 고객에게 훨씬 더 많은 것을 해줄 수 있다. 그중에서 당신의 수익도 올리고 고객의 만족도도 높이는 대표적인 것이 바로 코칭이다. 고객이 자신의 상황을 완전히 변혁하도록 돕는 프로세스를 단계별로 밟아나가도록 코치하는 것 말이다. 앞서 언급했던 '그레이트 셰이프 포뮬러'와 같은 유형의 다단계 프로세스를 구성해 코칭 프로그램을 접목하면 더욱 좋다.

코칭은 당신의 뜻을 고객에게 강요하는 게 아니라 그들에게 권한을 부여하는 것이기에 매우 가치가 높다. 각각의 단계마다 고객이 자신의 상황에 대해 고찰하고 중요한 선택을 적절히 내리도록 돕는 방식이다. 고객에게 어떤 것을 하라고 말하는 게 아니다. 그들이 무엇을 할 필요가 있는지 파악하도록 돕는 것이다.

이 접근방식은 전통적인 컨설팅과 전혀 다르다. 컨설팅 접근방식은 모든 해답을 제공하는 것이다. 컨설턴트가 상황을 조사해 고객에게 특정한 조치를 취하라고 권고하는 방식이다. 컨설턴트의 조언과 권고를 고객에게 판매하는 것이 목적이다.

코칭은 이와 다르다. 모든 해답을 제시하는 대신 적절한 질문을 던진다. 예를 들면 다음과 같다. "목표가 무엇입니까? 그러한 목표를 달성하기 위해 무엇을 해야 합니까?"

당신이 모든 답을 제시할 필요는 없다. 그저 적절한 질문을 올바른 순서로 제시하면 된다.

한마디로 피트니스 코치처럼 역할하는 것과 같다. 만약 피트니스 컨설턴트라면 고객을 위해 자신이 직접 푸시업을 할 것이고, 고객은 몸이 만들어지지 않는 데 대해 불평할 것이다. 하지만 피트니스 코치는 고객이 푸시업을 하도록 돕는다. 당연히 고객은 훌륭한 몸을 만들게 되고 그에 대해 감사할 것이다.

고객이 중요한 일을 완수해야 하는 경우에 코칭은 더욱 빛을 발한다. 고객이 무엇을 어떤 순서로 해야 하는지 모르는 상황에서 과정을 제대로 밟아 나가도록 해야 한다. 그리고 끝까지 책임 있게 수행하도록 돕는 누군가를 필요로 하는 경우에 코치를 해주면 효과 만점이라는 얘기다. 이러한 코칭을 제공하면 고객이 실로 놀라운 성과를 달성하도록 도울 수 있다.

마지막으로 코디네이션이다. 이것은 당신이 고객에게 제공할 수 있는 가장 가치가 높은 혜택이다. 늘 시간에 쫓기며 경쟁하는 오늘날의 세상에서 고객은 여러 가지 일로 바쁠 수밖에 없다. 자신이 취할 수 있는 모든 선택안을 자세히 검토할 시간이 없다. 그래서 많은 장사치들이 퍼즐 가운데 단 하나의 구성요소만 사도록 부추기며 그들을 등쳐먹는 것이다. 고객은 무언가 해야 할 필요를 느껴 그들의 제품을 구매하지만 곧 그것으로 문제를 해결할 수 없음을 깨닫는다. 그들은 대개 시장에 많은 선택안이 있다는 것은 알지만 어느 것을 골라야 하는지, 혹은 어떻게 조합하고 조직화해야 가장 효과적인지에 대해서는 잘 모른다.

오늘날의 고객들이 코디네이터를 필요로 하는 이유가 이것이다. 그들은 매매 기반의 세일즈맨이 판매하는 것뿐만 아니라 그들이 선택할 수 있는 모든 것을 보여주는 누군가를 필요로 한다. 그들의 모든 선택안에 대해 설명하고 최상의 조합을 선별해 이용할 수 있도록 돕는 코디네이터 말이다.

내가 속한 마케팅 업계를 예로 들어보자. 만약 당신이 마케팅에 도움을 받기 위해 광고 에이전시를 찾으면 그들은 당신에게 무엇을 권유할 것 같은가? 당연히 자기들이 수행하는 미디어 매체 광고를 권유한다. DM 발송 회사를 찾으면 DM을 권유하고, 웹사이트 제작 회사를 찾으면 웹 마케팅을 권유한다. 각각의 플레이어들이 죄다 자신의 특정한 도구에 대해서만 강조할 뿐이다. 그들의 수입원이 그것이기 때문이다.

하지만 우리 회사는 다르다. 우리는 마케팅 코디네이터가 되어 협조한다. 우리는 고객이 이용할 수 있는 모든 마케팅 도구, 즉 시장에 나와 있는 모든 마케팅 도구를 함께 살펴보며 고객이 마케팅 계획을 짜도록 돕는다. 미디어 매체 광고와 DM, 웹사이트, 책자, 세미나, 무역박람회, 열기구 등 고객이 필요로 할 수 있는 모든 마케팅 도구를 같이 검토한다. 우리는 특정한 도구에 집착하지 않기 때문에 객관성을 유지할 수 있다. 단지 고객이 자신의 계획에 맞는 최상의 도구들을 고르길 바랄 뿐이다. 그렇게 고객이 필요한 도구들을 선별하고 나면 우리는 본격적인 코디네이터 역할을 수행한다. 예컨대 광고 에이전시나 웹사이트 제작사, DM 발송 회사 등과 공조하여 고객이 마케팅 캠페인을 조직화해 실행하도록 조정해주는 것이다.

이런 식으로 코디네이션 서비스를 제공하면 당신은 고객의 마인드 속에 다른 경쟁자들보다 훨씬 높은 지위로 각인될 수 있다. 당신이 더 이상 자신의 이익을 위해 특정 도구를 들이미는 데에만 혈안이 된 세일즈맨으로 비치지 않기 때문이다. 당신은 이제 고객이 얻을 수 있는 최상의 이익을 우선시하는 객관적인 전문가로 보인다.

이러한 코디네이터 역할은 또한 추가적인 수익을 올릴 수 있는 막대한 기회를 열어준다. 이전의 경쟁업체들이 당신의 잠재적 공급업체가 되고 그들이 당신의 고객을 위해 하는 일에서 수수료를 챙길 수 있기 때문이다. 경쟁업체들에 고객을 뺏길까 봐 걱정할 필요도 없다. 고객과의 관계는 당신이 '보유'하는 것이 분명하기 때문이다.

고객은 또한 시간과 노력을 절약해준 데 대해 당신의 코디네이션 서비스의 진가를 인정해줄 것이다. 그들은 더 이상 다른 도구를 찾아 여러 회사를 기웃거릴 필요가 없다. 취할 수 있는 선택안에 대해 더 잘 이해하게 된 그들은 구매 결정 역시 보다 자신감 있게 내린다. 중요한 모든 것을 빠뜨리지 않고 확인했음을 알기 때문이다. 또한 그들은 무언가가 필요할 때마다 단일 정보원(源)인 당신에게 연락을 취할 것이다. 결과적으로 해당 고객이 필요로 하는 앞으로의 모든 거래는 당신을 통해 진행될 것이다.

브랜딩 및 패키징 관점에서 볼 때 이 3C는 엄청난 영향력을 행사한다. 관심과 코칭, 코디네이션을 제공하면 당신은 더 이상 펭귄으로 비치지 않는다. 완전히 다른 플레이어로 부각되는 것이다. 고객은 당신을 그들의 삶에 매우 특별한 의미를 안겨주는 소중한 존재로 볼 것이다. 당신과 평생 지속되는 관계를 맺고 싶어 할 것이다.

멋진 일이 한 가지 더 있다. 당신은 또한 업계의 가련한 펭귄들에게 일감을 안겨주게 될 것이다. 그들은 당신을 통해 당신의 고객의 일을 하는 것에 대해 흡족해할 것이다. 아이러니한 것은 3C 전략을 이용하면 다른 펭귄들조차 당신을 다르고 특별한 존재로 인식하게 된다는 사실이다.

그러므로 자문해보기 바란다. 당신이 관심과 코칭, 코디네이션을 보다 많이 제공하려면 무엇을 어떻게 하면 되겠는가?

09

가치 피라미드

PINK
PENGUIN™

계층 구조를
이해하라

———

　지금까지 펭귄에 대해 빈정대며 꽤 비판적인 태도를 취했지만 사실 나는 여전히 그들이 귀엽다고 생각한다. 다만 나 자신이 펭귄이 되고 싶지는 않을 뿐이다. 나는 북적거리는 장터에서 단연 돋보이길 원한다.

　따지고 보면 펭귄들은 모두 우리의 경제에서 나름의 중요한 역할을 수행한다. 어떤 펭귄은 비중 있는 역할을 맡고 어떤 펭귄은 상대적으로 작은 역할을 수행한다. 어떤 펭귄은 건축가로 찬사를 받는데 어떤 펭귄은 도랑을 판다. 역할은 다르지만 중요성은 매한가지다. 그러나 도랑을 파는 펭귄보다는 건축가로 칭송받는 펭귄이 비교할 수 없을 정도로 더 많은 돈을 번다.

다들 고만고만해 보이는 무리에서 벗어나 돋보이려는 펭귄은 자신이 무슨 역할을 맡고 싶은지 결정해야 한다. 건축가가 되고 싶은가? 아니면 도랑 파는 인부가 되고 싶은가? 나는 이것이 선택에 달려 있다고 말한다. 실제로 그러하니까 말이다.

현재 당신이 수행하는 역할은 운명도 아니고 돌에 새겨진 계명도 아니다. 그것은 당신이 자신을 어떻게 보느냐의 결과일 뿐이다. 자동차 세일즈맨을 예로 들어보자. 그들은 스스로 어떤 종류의 차를 팔 것인지 결정한다. 어떤 세일즈맨은 롤스로이스를 팔고 어떤 세일즈맨은 폭스바겐을 판다. 그들이 가진 기술과 능력은 근본적으로 별다를 게 없다. 한 사람은 일반 승용차를 팔기로, 다른 사람은 프리미엄 승용차를 팔기로 결정한 것뿐이다. 내가 자신을 어떻게 보느냐가 중요하다고 강조하는 이유가 바로 이것이다.

자신을 롤스로이스 세일즈맨으로 보는 사람은 그 일을 하게 되고 폭스바겐 세일즈맨으로 보는 사람은 그것을 팔게 된다. 우리의 운명은 실로 우리에게 부과되는 것이 아니라 우리가 선택하는 것이다.

이 점을 염두에 두고 모든 산업에는 역할 계층이 존재한다는 사실을 인식해야 한다. 나는 그것을 '가치 피라미드'라 칭한다. 이 계층 구조를 이해하면 스스로 가장 적합한 역할을 고를 수 있고 어쩌면 당신의 비즈니스에서 주요한 도약을 이루는 계기를 만들 수도 있다.

가치 피라미드는 다섯 층으로 구성된다. 각 층은 사람들이 경제에서 수행할 수 있는 근본적인 역할 한 가지를 나타낸다. 그 다섯 역할은 바로 '이론가, 설계자, 도급자, 구축자, 노동자'다. 위에서부터 하나씩 살펴보자.

이론가

이론가는 모델을 개발하는 사람이다. 이 모델에는 현실적으로 작용하는 것도 있고 작용하지 않는 것도 있다. 프랭크 로이드 라이트(Frank Lloyd Wright)는 프레리 학파(Prairie School)라는 건축양식을 개발했고, 알베르트 아인슈타인(Albert Einstein)은 상대성이론이라는 우주론을 창안했다. 금융서비스 분야에서는 그런 이론가로 해리 마코위츠(Harry Markowitz)를 꼽을 수 있다. 전 세계 수백만 명의 투자포트폴리오 매니저들이 이용하는 현대 포트폴리오 이론을 고안한 인물이다. 이론가는 경제에서 당신이 수행할 수 있는 가장 높은 역할이다.

설계자

　설계자는 이론가가 개발한 모델에 기초해 청사진을 창출하는 사람이다. 예컨대 라이트의 프레리 학파에 기초해 건축물을 설계한 건축가, 아인슈타인의 상대성이론 모델을 토대로 레이저 기술의 청사진을 창안한 물리학자 등이 여기에 속한다. 지금도 수많은 포트폴리오 '설계자'들이 마코위츠의 현대 포트폴리오 이론을 이용해 고객을 위한 자산 배분의 청사진을 개발하는 중이다. 설계자는 당신이 경제에서 수행할 수 있는 두 번째로 높은 역할이다.

도급자

　도급자는 설계자가 창출한 청사진을 토대로 프로젝트를 수행하는 사람이다. 예를 들면, 건축가가 설계한 집을 실제로 건설하는 프로젝트를 맡아 청사진을 토대로 해당 프로젝트의 모든 사항이 완수되도록 조치한다. 이들은 또한 역할 계층의 바로 아래 단계에 속한 사람들, 즉 구축자들의 활동을 조직화하고 조정해주기도 한다. 도급자는 경제에서 당신이 수행할 수 있는 세 번째 높은 역할이다.

경제에서 보다 큰 역할을 하고 싶다면 가치 피라미드에서 상위로 올라가야 한다.

구축자

구축자는 도급자가 조직화한 프로젝트의 일부에 해당하는 책무를 수행하는 사람이다. 건설업계의 경우 배관공과 전기기술자, 목수 등이 여기에 속한다. 이들은 특정한 기술을 보유하고 아주 좁은 영역의 전문적인 일을 수행한다. 구축자는 많은 펭귄들이 발이 묶여 벗어나지 못하는 역할이다.

노동자

노동자는 구축자가 관리하는 책무의 일부에 해당하는 과업을 수행하는 사람이다. 건설업계의 경우 현장에서 일하는 일용직 노동자들이 여기에 속한다. 이들은 구축자가 시키는 대로 일하며 진행 중인 일의 전체적인 범위에 대해서는 잘 모른다. 가치 피라미드에서 맨 밑바닥을 차지하는 역할이다.

이 피라미드를 자세히 들여다보면 경제의 모든 플레이어들이 이들 계층 가운데 하나에 속한다는 사실을 알 수 있다. 이미 말한 바와 같이 각각의 역할은 모두 중요하다. 일용직 노동자가 없었다면 후버 댐은 건설되지 못했을 것이다. 하지만 보다 중요한 요점은 당신의 역할은 선택이지 운명이 아니라는 것이다.

나는 대부분의 펭귄이 가치 피라미드에서 더 높은 곳으로 올라갈 수 있다고 믿는다. 사실 펭귄들 대부분이 이론가 계층에 도달할 수도 있다.

내가 이렇게 말하는 이유는 우리 모두가 패키징할 수 있는 저마다의 이론을 갖고 있다고 믿기 때문이다. 우리 모두는 고객을 위한 청사진을 창출할 수 있다. 또한 프로젝트를 조직화하고 조정해주는 도급자 역할을 수행할 수 있다. 그런데 대부분의 펭귄은 그런 일을 하지 않는다. 그들은 그저 구축자로 일하며 그게 자신이 할 수 있는 최선인 줄 안다. 매매 경제에 발이 묶여 그저 자신의 단일 제품이나 서비스만 제공한다. 결과적으로 그들은 상대적으로 적은 돈을 받고 상대적으로 낮은 지위와 영향력을 보유한다. 게다가 다른 모든 펭귄들과 똑같아 보인다.

상징우주 항해자

그렇다면 어떻게 자신을 패키징해야 구축자의 역할에서 벗어나 설계자나 이론가 반열에 오를 수 있을까? 먼저 '상징우주(symbolspace)'를 항해하는 방법부터 이해해야 한다. 상징우주는 여러 해 전에 내가 만든 용어로 콘셉트(concept)의 세계를 뜻한다. 나는, 신(新)경제는 우리가 콘셉트 세계(상징우주)를 항해하는 데 능숙해질 것을 요구한다고 믿는다. 콘셉트와 모델, 상징을 개발해서 패키징하는 일을 잘해야 한다는 의미다. 이는 주로 물리적 세계를 조작하는 일에서 부가 창출되던 낡은 산업경제와 반대되는 체계어를 말한다.

이론가는 상징우주에서 콘셉트를 고안하고 패키징하는 일의 달인이다. 그들은 다양한 아이디어와 콘셉트를 조합해 세상이 돌아가는 방식에 대한 새로운 이론을 만들어낸다. 아인슈타인을 보라. 그는 상징우주에서 일했다. 그 자신이 빛의 속도로 여행할 필요가 없었다. 단순히 그에 대한 사고 실험을 수행해 우주의 작용 원리에 대한 새로운 모델을 내놓은 것이다.

우리 모두가 상징우주를 항해할 수 있다고 나는 믿는다. 사실 우리는 이미 늘 그러고 있다. 항상 무엇이 효과적이고 무엇이 그렇지 않은지 생각하고 있지 않은가? 뜨거운 오븐의 유리면에 손을 대본 어린아이는 무엇이 되고 무엇이 안 되는지 즉시 깨닫는다. 그런 경험은 무엇은 되고 무엇은 안 되는지에 대한 아이 나름의 모델에 새로운 요소를 추가해준다. '뜨거운 오븐에 손을 대는 것은 좋은 생각이 아니야!'

무엇은 작용하고 무엇은 작용하지 않는지에 대한 나름의 이론을 살펴 당신 역시 자신을 이론가로 패키징할 수 있다. 이를테면 당신이 기업의 인사 책임자라고 가정하자. 10여 년의 경험을 통해 신입사원 채용때에 어떻게 하면 바람직한 성과를 얻고 어떻게 하면 일을 그르치는지 알고 있다. 이 경우 효과적인 방안은 모델이 되고, 효과가 없거나 악영향을 미치는 방안은 안티모델이 된다.

요점은 펭귄들 모두가 나름의 이론을 갖고 있지만 오직 소수의 펭귄만이 그것을 패키징한다는 것이다. 그런 펭귄이 책을 쓰고 강연을 하며 업계에서 이목을 끄는 것이다.

그렇다면 설계자의 역할은 어떠한가? 역시 모든 펭귄이 설계자가 될 수 있다. 그저 고객들에게 단계별 기획 프로세스를 밟게 하면서 그들이 청사진을 창출하도록 도우면 된다. 그래서 내가 나의 모든 클라이언트들에게 구르메 기획 프로세스를 패키징하도록 시키는 것이다. 그들이 설계자의 역할을 맡게 하기 위해서다.

도급자도 그렇다. 당신은 도급자에 걸맞은 서비스 패키징으로 가치를 더하고 더 많은 돈을 벌 수 있다. 구축자 모두를 조직화하고 조정해 고객이 목표를 성취하도록 도우면 된다. 게다가 그렇게 하면 당신은 구축자들을 선별하는 사람이 될 것이고, 그렇게 선별되는 구축자들 가운데 일부는 분명 당신의 예전 경쟁자들이 될 것이다.

이론가와 설계자, 그리고 도급자는 우리가 경제에서 맡을 수 있는 상위 역할이다. 이런 상위 역할을 수행해야 자신의 영향력과 인지도를 높이고 수입을 증가시킬 수 있다.

3

빅 아 이 디 어
패 키 징

10

마지막 5퍼센트

PINK
PENGUIN

패키징에
목숨을 걸어라

———

혹시 당신은 마지막 5퍼센트만 더 노력을 기울이면 놀라운 성공을 이룰 수 있는 단계에 이르러 있지 않은가?

1962년 진 니데치(Jean Nidetch)라는 여자가 브루클린에 살고 있었다. 당시 몸무게가 137킬로그램이 넘었던 그녀는 지역의 한 병원에서 마련한 세미나에 참석해 몇 가지 기본적인 다이어트 방법을 배웠다. 마음을 독하게 먹은 그녀는 병원의 조언을 철저하게 따랐고 6개월 뒤 59킬로그램의 건강한 몸을 갖게 되었다. 자그마치 78킬로그램이나 뺀 것이다. 이 주목할 만한 변혁을 보고 친구들과 주변 사람들은 크게 놀라는 한편, 그녀에게 자신들도 살을 빼게 도와달라고 부탁했다. 결국 그녀는 집에서 소규모 다이어트 모임을 주최하며 참가자들에게 월 회비로 5달러를 받기 시작했다.

이후 3년에 걸쳐 진은 수백 명의 체중 감량을 도왔다. 나름대로 짭짤한 수익을 올리는 작은 사업을 운영한 셈이다. 하지만 그녀가 모르는 한 가지가 있었으니 바로 자신이 엄청난 금맥을 발견했다는 사실이었다. 핵심을 놓치고 그저 푼돈 벌이에 만족했던 것이다. 그녀에게 필요했던 것은 마지막 5퍼센트였다. 패키징 말이다.

패키징을 하느냐 안 하느냐, 그것이 문제로다

얼핏 생각하면 패키징을 하지 않는 게 더 고상해 보일 수도 있다. 패키징을 진정성에서 벗어나는 인위적인 무엇으로 인식하는 경우에 그렇다. 이는 많은 펭귄들이 무리에서 빠져나오는 것에 대해 생각할 때 갖곤 하는 의문이다.

패키징은 종종 이렇게 부정적인 시각으로 조명되기도 한다. 사람들은 정치인이나 나이든 록스타가 패키징으로 진실을 가리고 멍청한 여배우가 온갖 패키징으로 스타덤에 오른다고 말한다. 패키징을 그저 보잘것없거나 부정직한 무언가를 예쁘게 포장하는 것으로 인식하는 것이다.

물론 패키징을 본질적인 가치가 거의 없거나 전혀 없는 어떤 것을 변장시키는 데 이용할 수도 있다. 하지만 패키징의 진정한 의도는 무언가의 진정한 가치와 미를 쉽게 이해할 수 있도록 돕는 것이라는 게 나의 주장이다. 패키징은 적절히 행해지면 사람들이 오해와 무지, 편견을 극복하도록 도울 수 있다. 결국 모든 것이 의도에 달려 있는 셈이다.

예를 들면, 나는 제대로 이해받지 못하는 사업주들을 다수 만나본 적이 있다. 그들의 잠재고객들은 그들이 일반적인 펭귄들과 같다고 생각한다. 그들이 제공할 수 있는 그들 고유의 특별한 가치를 잠재고객들이 보지 못하는 것이다. 패키징으로 그들이 어떻게 다르고 더 나은지 제대로 전달하지 못한 탓이다. 마치 자신들의 비즈니스가 세상에서 가장 큰 비밀이라도 되는 양 처신하기 때문이다.

나의 클라이언트의 다수는 이렇게 말한다. "빅아이디어를 패키징하기 전에는 우리의 잠재고객들이 우리를 그저 제품이나 팔려고 애쓰는 세일즈맨으로 생각했습니다." 할당량을 채우는 데만 혈안이 된 엉터리 물건 세일즈맨으로 인식되었다는 얘기다. 그들의 잠재고객이 그런 식으로 예단했던 이유는 그들의 패키징이 진정한 스토리를 전달하지 못했기 때문이다. 고객을 돕는 데 관심을 갖고 거기에 주력하는 사업체라는 인식을 주지 못한 탓이다.

패키징 프로세스를 완성한 나의 클라이언트들은 이제 자신들의 본질과 의도를 더 쉽고 더 빠르게 전달한다. 덕분에 어떤 오해든 빠르게 불식시킬 수 있다. 그들의 잠재고객들은 그들이 그저 그런 펭귄이 아니라는 사실을 즉시 간파한다. 그들의 새로운 패키징은 보다 많은 멋진 고객들과 더 빠르게 신뢰를 구축하고 지속적인 관계를 맺도록 돕는다.

사실 우리 모두가 모종의 패키징을 행한다는 사실을 기억해야 한다. 우리가 말하는 모든 것과 행하는 모든 것, 타인에게 외모를 보이는 방식 등이 모종의 패키지를 창출한다는 얘기다. 이 패키지는 올바른 메시지를 전달할 수도 있고 그릇된 메시지를 전달할 수도 있다. 긍정적인 이미지를 줄 수도, 부정적인 이미지를 줄 수도 있다. 다시 말해서 아무것도 안 하더라도 당신은 여전히 패키징되고 있다. 따라서 만약 의도를 갖고 자신을 패키징하지 않으면 '적절히 패키징되지 않은' 당신의 패키지가 당신이 말하고 싶은 스토리를 전하는 데 도움이 안 되거나 방해가 될 수 있는 것이다.

브랜딩과 패키징의 차이

많은 사람들이 용어에 대한 명확한 정의도 없이 '브랜딩'과 '패키징'을 거론

한다. 어떤 사람들은 이 둘이 같은 것이라고 생각한다. 또 어떤 사람들은 정확히 어떤 의미인지 모른다는 점을 인정하면서도 자신의 비즈니스를 브랜딩하고 패키징하는 데에는 지대한 관심을 표출한다. 브랜딩과 패키징을 적절히 이용하려면 용어의 정의부터 명확히 이해해야 마땅하다는 판단이다.

●브랜딩: 당신의 '브랜드'는 고객이 당신과 당신의 회사에 대해 갖고 있는 생각과 느낌의 조합이다. 브랜딩은 그런 브랜드에 이름이나 이미지를 부여하는 작업이다.

●패키징: 패키징은 고객의 머리와 가슴에 브랜드를 각인하기 위해 이용하는 아이디어와 표현, 이미지, 경험 등을 조합하는 작업이다.

다시 말하면 당신의 브랜드는 문자 그대로 고객의 머리와 가슴 속에 있는 무엇이고 패키징은 거기에 도달하기 위해 당신이 행하는 무엇이다.

나는 이 정의를 좋아한다. 브랜딩과 패키징은 분명 다른 것이지만 서로 밀접하게 연결되어 있다는 것을 보여주기 때문이다. 브랜딩 없이 패키징이 있을 수 없으며 패키징이 없으면 브랜딩도 의미가 없다. 브랜드가 정적인 무엇이라면 패키징은 동적인 무엇이다. 다른 관점에서 보면 '브랜드'는 고객이 중심이고(그

패키징은 브랜드를 고객의 머리와 가슴에 각인하기 위해 이용하는 아이디어와 표현, 이미지, 경험 등의 조합이다.

들이 생각하고 느끼는 바이므로) '패키징'은 당신과 당신이 하는 일이 중심이다(당신이 조합하는 것이므로).

스타벅스를 예로 들어보자. 유형의 가치(커피)와 무형의 가치(분위기)를 조합한 그들의 사업은 북미 및 세계 여러 지역에서 매우 강력한 브랜드로 자리매김한 상태다. 고객들은 스타벅스를 떠올릴 때 강력하고 생생한 생각과 느낌을 갖는다. 그들이 원하는 그대로 준비되는 훌륭한 커피와 벽난로 옆의 멋지고 아늑한 소파, 친근한 공동체 분위기 등에 대해 생각한다. 그리고 이러한 생각은 이어서 안락과 동료애, 보살핌, 품격에 대한 인간의 기본적 욕구가 부채질하는 강력한 정서적 반응을 일깨운다. 요점은 스타벅스 브랜드의 가치는 그들의 가게나 커피 또는 본사에 있는 무엇이 아니라 고객의 머리와 가슴에 존재하는 무엇이라는 것이다.

그렇다면 스타벅스는 어떻게 그들의 '브랜드'를 고객의 머리와 가슴에 각인한 걸까? 패키징을 이용해서다. 그들은 아이디어와 표현, 이미지, 경험의 '패키지'를 조합해서 고객들에게 지울 수 없는 인상을 남겼고 세월이 흐르면서 그것이 고객의 머리와 가슴에서 강력하고 긍정적인 '브랜드'로 굳어졌다.

브랜드를 '강력하게' 만드는 것은 무엇인가?

'강력하다'는 단어는 브랜드에 적용할 때 두 가지 중요한 함의를 갖는다. 먼저 당신의 사업이 속한 시장에서 모두가 당신의 사업체를 안다면 브랜드가 강력하다는 표시다. 그렇지만 유명하다는 것만으로는 충분하지 않다. 고객의 머리와 가슴에 적절한 생각과 느낌을 일깨워야만 진정으로 강력한 것이다.

여기서 '적절하다'는 것은, 우리가 무엇을 하고 어떻게 남과 다르며 어떻게 도움을 줄 수 있는지 고객들이 진정으로 이해한다는 의미다. 부적절한 인상을 갖는 경우 고객들은 우리가 진정으로 무엇을 하는지 헷갈려 하고 우리를 시장에 나온 여느 펭귄과 똑같이 취급하는 실수를 저지른다.

두 번째 함의는 당신의 비즈니스에 대해 고객들이 긍정적으로 느끼느냐 하는 부분이다. 그들은 당신의 사업체를 좋아하는가? 아니면 싫어하는가? 혹은 그저 무관심하지는 않은가? 결국 당신의 잠재고객이 당신의 비즈니스를 제대로 이해하는 동시에 긍정적인 느낌을 가져야 당신의 브랜드는 진정으로 '강력한' 것이다.

강력한 브랜드는 왜 이로운가

브랜드가 강력하면 사업을 키우고 다음 단계로 성장시키는 일이 훨씬 쉬워진다. 브랜드가 유명하면 보다 많은 수의 잠재고객에게 다가설 수 있고 노력을 덜 들이면서 스토리를 전달할 수 있다. 뿐만 아니라 사람들이 이미 당신의 회사에 대해 좋은 인상을 갖고 있으면 당신의 세일즈 및 마케팅 노력에 보다 열린 마음으로 반응하고 보다 신뢰하는 태도를 갖는다. 결과적으로 별다른 거부감 없이 더욱 많이 구매하게 된다.

반대로 '취약한' 브랜드를 보유하면 어떠할지 생각해보면 강력한 브랜드의 힘에 대해 더 잘 이해할 수 있다. 당신의 사업체가 사실상 시장에 거의 알려지지 않았다고 상상해보자. 혹은 잠재고객 대부분이 당신이 하는 일에 대해 잘못 알고 있거나 당신의 사업체에 대해 부정적인 생각과 느낌을 갖고 있다고 상상해보자. 이러한 환경에서라면 마케팅은 분명 효과가 적을 것이고 판매를 성사시키는 일 역시 상당히 힘들 것이다.

강력한 브랜드를 갖는 게 좋은 일이라는 데 모두가 동의할 것으로 생각한다. 다음 문제는 이것이다. 패키징을 어떻게 이용하면 강력한 브랜드를 구축할 수 있을까?

브랜딩과 패키징은 하찮은 사안이 아니다. 한번은 톰이라는 사람이 찾아와 일을 의뢰했는데, 생명보험 설계사인 그의 문제는 잠재고객들이 그를 세일즈맨으로만 보기 때문에 도통 만나주려 하질 않는다는 것이었다. 그가 수백의 가정을 재정적 재난에서 구해준, 놀랍도록 고객을 잘 보살피는 사람이라는 사실을 잠재고객들은 몰랐다. 하지만 25년이나 그 일에 종사했으면서도 그의 패키징은 적절한 메시지를 전하지 못하고 있었고 그의 브랜드 역시 그가 원하는 식으로 형성되지 않고 있었다. 이런 상황 때문에 그는 새로운 사람들을 만나 더 많은 매출을 올리는 것이 어려워졌다. 25년 경력의 그는 여전히 일상적으로 힘겨운 싸움을 벌이고 있었다.

나는 이와 똑같은 비애를 겪는 다양한 회사들, 즉 수십여 개 산업 분야의 수백 개 사업체들과 함께 일을 해왔다. 그들은 이렇게 한탄한다. "우리가 무엇을 하는지 아무도 제대로 이해하지 못하고 있어요." "우리를 그저 경쟁업체들과 똑같은 곳으로 생각한다고요." "우리가 단지 무언가를 팔려고만 한다고 생각들 해요." "우리에게 기회만 준다면 우리가 많이 다르다는 것을 이해시킬 수 있거든요."

대부분의 회사들이 훌륭한 가치를 제공하고 있을 뿐 아니라 더불어 제시할 수 있는 고유한 것들을 많이 지녔음에도 그들의 패키징 때문에 그런 스토리가 제대로 전달되지 않고 있다는 것이 참으로 안타까운 부분이었다. 이들은 사실 성공에 필요한 모든 것의 95퍼센트는 이미 이뤄놓은 상태다. 멋지고 놀라운 제품이나 서비스를 갖추어놓았다는 뜻이다. 그러나 95퍼센트는 충분한 게 아니다. 나머지 5퍼센트(패키징)를 마저 완수해야 할 필요가 있고, 그래야 변혁을 이룰 수 있다. 실제로 그 중요한 5퍼센트의 노력을 더 기울여 제대로 된 패키징을 완성하면 그들은 투자액의 수천 배에 달하는 수익을 창출할 수 있다.

앞서 소개했던 진 니데치의 이야기로 돌아가보자. 그녀의 소규모 다이어트 사업은 성공적이긴 했지만 너무 미약한 수준의 성공이었다. 그녀가 엄청난 금맥을 발견했음을 인지하지 못했기 때문이다. 그녀는 단지 제대로 된 패키징이라는 마지막 5퍼센트를 추가할 필요가 있었다.

어느 날 진은 패키징 전문가를 만났다. 그는 그녀에게 패키징이야말로 그녀가 하고 있는 그 멋진 일을 몇 배로 키워줄 것이고 더 많은 돈을 벌게 해줄 것이라고 말했다. 그가 그린 비전은 그녀의 다이어트 사업을 프랜차이즈화하는 것이었다. 당시로서는 획기적인 콘셉트였다. 그는 그녀에게 그 심신 변혁 프로세스의 모든 단계를 기록해서 단계적 시스템으로 패키징한 다음에 거기에 이름만 붙이면 된다고 말했다.

진은 자신의 다이어트 프로그램에 이름을 붙이는 것에 대해 생각해본 적이 없었다. 자동차나 탄산음료 같은 유형의 제품에 이름을 붙이는 것은 상상할 수 있었지만, 눈에 보이지도 않고 손에 잡히지도 않는 어떤 활동에 이름을 붙인다는 것은 생각도 못해본 아이디어였다.

패키징 전문가는 이름이 있어야 다른 수준으로 높이 도약할 수 있다고 그녀를 설득했다. 이름이 있어야 그녀의 스토리를 전달하기가 더 쉬워질 터였다. 무엇보다도 그래야 그 다이어트 시스템의 특별한 구성요소를 더 잘 알릴 수 있었다.

진이 물었다. "좋아요. 그런데 어떻게 이름을 지으면 좋을까요?"

패키징 전문가가 답했다. "글쎄요. 평소에 사람들에게 체중을 줄이려면 어떻게 해야 한다고 말씀하시죠?"

진이 대답했다. "규칙적으로 체중을 재보며 체중 변화를 지켜보라고 얘기해요. 경계하는 자세를 갖는 게 가장 중요하거든요."

패키징 전문가가 답했다. "그렇다면, 지켜보며 경계한다는 그 특별한 방식을 부각시키는 이름을 지으면 됩니다. '웨이트 워처스*'라고 하면 어떨까요?"

자신의 다이어트 시스템에 '웨이트 워처스'라는 이름을 붙인 후 진은 그것을

● **Weight Watchers** '체중 파수꾼'을 뜻한다.

체중 감량을 돕는 단계별 프로세스로 패키징했다. 다른 코치들도 그녀의 프로세스를 그대로 따라 사람들을 도울 수 있도록 패키징한 것이다. 이렇게 패키징을 완성한 덕분에 그녀는 전 세계를 대상으로 프랜차이즈 사업을 벌일 수 있었다. 진은 3억 6,000만 달러라는 어마어마한 거금을 받고 자신의 회사를 하인즈(Heinz)에 매각했다.

당신도 혹시 금맥을 발견하지 않았는가? 마지막 5퍼센트(패키징)에만 공을 들이면 당신 또한 기하급수적인 사업 성장을 이룰 수 있다.

11

시계는 똑딱똑딱

PINK
PENGUIN™

빅아이디어를 위한
테마를 마련하라

나는 그를 보며 세상에서 가장 지루한 남자라는 생각이 들었다.

캘리포니아에서 열린 한 금융서비스 컨퍼런스에 출품자로 참가해 만난 남자였다. 그는 당시에 우리가 현장에서 무료로 제공하던 '엘리베이터 스피치 패키징'을 이용하기 위해 우리 부스를 찾았다. 컨퍼런스 참가자들이 준비해온 30분짜리 프레젠테이션을 보다 재미있고 효과적인 엘리베이터 스피치로 축약하고 업그레이드하도록 돕는 서비스였다. 우리는 그 일을 15분 안에 해주겠다고 약속했다.

하지만 남자는 내가 다듬고 개선할 만한 자료를 별로 내놓질 않았다. 믿을 수 없을 정도로 지루한 사내였다. 그가 자신의 비즈니스에 대해 말하는 내용 모두가 너무 일반적이고 상투적이었다. 게다가 어떤 부분은 지나치게 전문적으로 설명했고 종종 옆길로 새기도 했다. 12분이 지났건만 나는 그의 엘리베이터 스피치를 흥미롭게 패키징할 방도를 찾을 수 없었다. 이제 남은 시간은 3분, 시계는 계속 똑딱똑딱 가고 있었다.

문제는 대부분의 펭귄이 그들의 비즈니스에 대해 지루한 스토리를 전한다는 사실이다. 그들의 엘리베이터 스피치는 아무런 특색 없이 단조롭거나 너무 복잡하기 일쑤인 데다가 대개 수백의 여타 펭귄들의 스피치와 별반 다를 바 없이 들린다. 일관성이 없는 경우도 허다하다. 누군가가 무슨 일을 하는지 물을 때마다 펭귄들은 기발한 무언가를 찾아 급히 머리를 굴리지만, 결국 어설프거나 불만족스런 무언가를 얼버무리듯 내뱉는 것으로 끝난다. 자신의 스토리를 패키징해놓는 데 공을 들인 적이 없기 때문이다. 특히 엘리베이터 스토리와 관련해서 그러하다.

이는 큰 문제가 아닐 수 없다. 잠재고객에게 깊은 인상을 남길 수 있는 시간이 일반적으로 그리 길게 주어지지 않기 때문이다. 통상 당신의 스토리를 전하는 데 30초가 주어지므로 훨씬 더 탁월해야 마땅하다. "저는 변호사입니다" 내지는 "치과의사입니다" 같은 일반적인 얘기를 하면 아무도 후속 질문을 던지지 않는다. 모두가 이미 변호사나 치과의사가 하는 일을 알고 있기 때문이다. 사람들은 그저 머릿속에 분류해놓은 해당 범주에 당신을 철해놓고 제 갈 길을 가버린다.

스토리가 너무 복잡하거나 난해하면 사람들은 혼란스러워한다. 가령 당신이 '쇼펜하우어의 동역학 원심분리 모델을 이용해 투자 포트폴리오를 재편성해주는 공간 자산 엔지니어'라고 자신을 소개하면 잠재고객은 당신이 무슨 말을 하는지 모를 것이다. 그리고 구태여 후속 질문을 던져 성가신 일을 자초하지 않으려 할 것이다. 자산관리가 필요하더라도 그들은 이해하기 쉽게 말하는 다른 누군가를 찾아갈 것이다.

스토리가 너무 일반적이거나 복잡하면 어느 경우든 잠재고객과 거래 관계를 맺을 수 없다. 지루하거나 둔감해도 마찬가지다. 잠재고객의 관심을 도저히 끌 수 없다. 이런 상황에서 잠재고객이 당신을 다른 펭귄과 다르다고 생각할 리 있겠는가? 관계의 다음 단계로 옮겨 가기는커녕 거래 관계를 맺을 기회조차 놓치는 것이다.

다시 오하이오에서 온 그 지루한 사내의 사례로 돌아가보자. 훌륭한 무언가를 도출해야 할 시간이 3분밖에 남지 않은 상태였다. 부스 앞에 사람들까지 모여들어 구경하는 상황이었다. 사람들은 엘리베이터 스피치를 내가 그럴 듯하게 패키징하는 모습을 보고 싶어 했다.

그러던 순간 머릿속에서 영감이 번쩍였다. 내가 그에게 물었다. "취미는 있으세요?" 그렇다는 답이 돌아왔다. 시계를 수집한다고 했다. 오하이오 집에 각양각색의 시계를 300개 넘게 모아놓았단다.

나는 괘종시계와 알람시계, 뻐꾸기시계 등으로 가득 찬 방을 머릿속에 그려보았다. 300개가 넘는 시계가 똑딱거리며 돌아가는 모습을 말이다. 그런 후 그에게 말했다. "그렇다면 이렇게 말하는 게 어떨까요. 나는 사업주들이 자신의 재정 '시계'가 똑딱똑딱 가고 있음을 깨닫고 알람이 울리기 전에 계획을 세우도록 돕는 일을 하고 있습니다. 이렇게 말이에요."

좌중에 일순 침묵이 흐르더니 곧이어 박수갈채가 쏟아져 나왔다. 모두들 흡족해했다. 오하이오에서 온 사내도 흥분했다. 마침내 흥미로운 엘리베이터 스피치를 갖게 되었는데, 그 토대가 자신이 열정을 쏟는 대상이었다! 주목하지 않을 수 없는 후속 질문을 유발하는 엘리베이터 스피치였다. 사람들은 물을 터였다. "내 재정 시계가 똑딱똑딱 가고 있다는 게 무슨 뜻입니까? 알람이 울리면 어떻게 되는 건데요? 그런 문제를 미연에 방지하려면 어떻게 해야 하는 거죠? 내게 어떤 도움을 주실 수 있는 겁니까?"

오하이오 출신의 그 지루한 친구는 이제 사람들이 그의 스토리에 관심을 갖도록 붙잡는 '갈고리(hook)'를 갖게 된 셈이었다. 시계가 그를 기억하기 쉽게 만드는 비유 내지는 테마 역할을 했다. 이제부터 사람들은 그를 시계 사내로 인식하게 될 터였다. 간단하지만 효과적인 이 방법으로 그는 영원히 펭귄 무리에서 두드러질 수 있게 된 것이었다.

이 테마는 그에게 판촉 아이디어까지 안겨주었다. 오하이오에 돌아가자마자 그는 비싸지 않은 알람시계 500개를 구입했다. 그리고 그 엘리베이터 스피치를 적은 카드를 동봉해 잠재고객들에게 우편 발송했다. 그런 후 그들에게 연락을 취해 이렇게 말했다. "알람시계를 보내드렸는데 받으셨는지요? 고객님의 재정 시계가 똑딱똑딱 가고 있다는 말에 공감이 가시는지요? 알람이 울리기 전에 제가 도움을 드리려 하는데 어떻게 생각하시는지요?"

그의 접근방식은 먹혀들었다. 시계라는 그의 테마가 두드러지게 모든 이의 기억에 각인되었기 때문이다. 그것이 먹혀든 또 하나의 이유는 사람들에게 자신의 재정 상황에 대해 생각하게 만들었기 때문이다. 그러면서 사람들은 모종의 조치를 취해야 할 시급성을 느꼈다. 결과적으로 그는 훨씬 더 많은 잠재고객을 만나 훨씬 더 많은 돈을 벌게 되었다.

그렇다면 우리는 스토리의 테마를 어떤 방식으로 도출하면 좋을까?

테마는 사실 어디서든 찾을 수 있다. 개인적인 사연으로 테마를 삼을 수도 있고 동물이나 활동으로 테마를 삼을 수도 있으며, 인상 깊게 본 영화나 읽은 책에서, 또는 취미에서 테마를 뽑아낼 수도 있다.

나는 이 교훈을 전작인 『로브스터를 파는 법(How to Sell a Lobster)』을 준비할 때 깨달았다. 내가 웨이터 생활을 할 때 어떤 방법으로 '로브스터 요리 매출 올리기 대회'에서 우승했는지에 대한 개인적인 이야기를 토대로 구성한 책이다. (내가 동원한 방법을 알고 싶으면 그 책을 읽어볼 것을 권한다.)

그것은 내가 모종의 '테마'를 중심으로 구성해서 출간한 첫 번째 책이다. 그 이전의 책들은 나름대로 인기는 끌었지만 다들 교재에 가까웠다. 갈고리가 없는 책들이었다. 그래서 사람들의 상상력을 완전히 사로잡지는 못했다.

그러던 중 『누가 내 치즈를 옮겼을까?(Who Moved My Cheese?)』를 접했다. 변화에 대처해야 하는 생쥐들을 테마로 삼은 귀여운 책이다. 수많은 저자들이 변화에 대한 책을 썼지만 유독 이 책만이 사람들의 상상력을 그토록 확실하게 사로잡은 비결은 무엇인가? 바로 저자인 스펜서 존슨(Spencer Johnson)이 적절한 비유를 동원했기 때문이다. 수백만 권이 팔려나가며 인기를 끌던 그 책에 나는 주목하지 않을 수 없었다.

이것이 내가 로브스터를 테마로 삼아 책을 구성하기로 결정한 이유다. 로브스터 요리 매출 올리기 대회에 대한 이야기로 책을 시작하면서 표지에도 로브

당신의 스토리에 테마(예컨대 '로브스터' 같은 걸로)를 정해서 이용하면 잠재고객의 관심을 끌 수 있고 혼잡한 시장에서 돋보일 수 있다.

스터를 실었다. 나는 사람들이 '로브스터' 얘기가 대체 무엇인지 궁금해하길 원했다.

전략은 먹혀들었다. 『로브스터를 파는 법』은 지금까지 25개가 넘는 나라에서 12개 언어로 번역 출간되었다. 요즘도 나를 보면 "아, 그 로브스터 사나이로군요"라고 말하는 사람들을 수시로 만난다. 그 책이 베스트셀러가 된 일본에서 약간의 명성도 얻었고 로브스터 사나이에게서 조언을 구하고자 하는 일본인들이 이메일을 보내오기도 한다.

테마를 설정해 이용하는 것은 효과적일 뿐 아니라 재미까지 더해준다. 나는 돈 버는 일에서 진정성 못지않게 중요한 게 재미 요소라고 믿는다.

사람들에게 재미를 안겨주면 당신에 대한 신뢰도가 높아지고 이는 다시 보다 많은 고객과 보다 빠르게 거래 관계를 맺는 데 도움이 된다. 물론 우리 모두는, '비즈니스는 어쨌든 비즈니스니까 진지할 필요가 있다'고 생각한다. 하지만 재미있는 것이 더 잘 팔린다는 것 역시 명백한 사실이라는 점에 주목해야 한다.

그래서 나는 무슨 일을 하든 계속 재미 요소를 담을 생각이다. 이 책도 '펭귄'이라는 테마를 중심으로 구성한 것이다. 지금도 동물의 왕국에서 테마를 도출하기 위해 고심하고 있다.

테마는 시계 사내의 경우처럼 직설적일 수도 있고 로브스터나 펭귄의 경우처럼 다소 비밀스러울 수도 있다. 다만 나는 비밀스러운 테마가 '연결이 안 된다는' 인식에 기초한 호기심을 유발하기 때문에 더 효과가 좋다고 믿는다. 예를 들어, 우리는 요즘 무역박람회에 출품자로 참가하면 부스 앞에 커다란 펭귄을 세워놓는데 사람들은 그걸 보고 무슨 의미인지 모른다. 그들의 일반적인 경험과 연결이 안 되기 때문이다. 그런 상황에 처하면 사람들의 뇌는 비연결성을 인식하고 연결고리를 찾고자 하는 호기심을 발동한다. 그래서 사람들이 우리 부스에 다가와 이렇게 묻는다. "그 펭귄 얘기라는 게 대체 뭡니까?"

사람들이 다가와 묻는 것, 그것이 바로 내가 필요로 하는 모든 것이다. 그렇게 나는 그들과 관계를 구축할 기회를 잡는다.

연결되는 것이든 연결되지 않는 것이든 테마는 관련된 모든 것을 묶어주는 훌륭한 근원적 스토리를 지녀야 한다. 그렇지 않으면 그저 얼간이들의 어리석은 짓거리로 비치기 십상이다. 그래서 내가 특정 업계에 종사하며 나름대로 특별한 무엇을 제공한다고 생각하지만, 잠재고객들에게는 (마치 펭귄들처럼) 다 똑같아 보이는 사람들의 스토리를 구성한 것이다. 이렇게 테마를 정하고 스토리를 구성하는 의도는 잠재고객들이 알았으면 하는 어떤 중요한 요점이나 교훈을 강화하기 위해서다.

나의 클라이언트들이 큰 효과를 거둔 테마 설정 및 활용 사례 세 가지를 소개하겠다.

성촉절 신드롬 극복하기

스콧 포드(Scott Ford)는 온타리오 주 리치몬드힐을 거점으로 활동하는 자산관리사다. 그는 경쟁자들과 차별화를 이뤄 잠재고객들의 관심을 모을 수 있는 방안을 모색하고 있었다. 그는 자신의 사진과 회사명, 제공하는 서비스 등으로 구성해 지역 신문에 게재하는 일반적인 금융서비스 광고는 비슷해 보이는 고만고만한 광고들에 파묻혀 효과가 없다는 사실을 깨달았다. 그의 고민을 놓고 함께 고심하는 과정에서 우리는 '성촉절 신드롬 극복하기'라는 이름의 테마를 찾아냈다.

그렇다면 성촉절 신드롬이란 무엇인가? 우선 스콧의 얘기부터 들어보자. 그는 대부분의 잠재고객들이 그들의 일상에 지루함을 느낀다고 말한다. 신이 나거나 흥미를 느낄 일이 전혀 없는 탓이다. 특히 시장이 하락세를 탈 때는 사람들의 기운이 빠지고 일상의 무미건조함이 늘 수밖에 없다. 마치 영화 〈성촉절(Groundhog Day, 우리말 제명은 '사랑의 블랙홀')〉에서 주인공 빌 머레이(Bill Murray)가 계속 같은 날을 반복해서 살아가는 것처럼 그들 역시 어제와 다를 바 없는 오늘을 별다른 의욕 없이 그저 반복해서 살고 있다는 얘기다.

스콧의 잠재고객들이 느끼는 방식을 제대로 요약해주는 훌륭한 스토리였다. 이 비밀스런 테마를 전달하기 위해 우리는 (영화 속 사건의 계기로 작용하며 주제를 함축하는 성촉절의 주인공) 마멋(groundhog)의 사진을 곁들인 광고를 만들고 상세한 프레젠테이션을 담은 홍보용 CD도 제작했다. 성촉절 신드롬 극복하기 테마는 실로 탁월한 아이디어다. 스콧이 그의 모든 마케팅 도구와 활동에 앞으로도 오랫동안 이용할 수 있는 흥미로운 테마이기에 더욱 그렇다.

왕의 갑옷

던 프레일(Dawn Frail)은 여성 고유의 강점을 이용해 여성들이 보다 나은 리더가 되도록 돕는 코치이자 연사다. 그녀는 '마음 리더십(The Heart Method)'이라는 이름의 프로그램을 개발했다. 이 프로그램 홍보를 위해 던은 의미 있는 스토리를 전달하며 관심을 모을 수 있는 테마를 찾고 있었다. 그녀는 『성경』에서 그것을 찾아 '왕의 갑옷'이라는 테마를 내놓았다.

던은 대부분의 여성들이 리더 자리에 오르면 남성적인 강점을 이용하려 드는 게 문제라고 말한다. 자기와는 다른 누군가가 되려고 노력하는 것이다 보니 별로 효과를 못 보거나 악영향만 초래한다는 것이다. 그녀는 여성 리더들이 여성적인 강점을 이용해야 한다고 말한다. 여성 특유의 보살피고 배려하는 따뜻한 마음으로 이끌어야 한다는 뜻이다.

이 메시지를 효과적으로 전달할 방편을 찾던 중 던은 『성경』에 나온 다윗과 골리앗의 이야기에서 해답을 발견했다. 다윗이 골리앗과 맞설 준비를 할 때 왕이 그에게 자신의 갑옷을 빌려주었다. 하지만 그 갑옷은 다윗에게 잘 맞지 않았다. 다윗은 그 갑옷을 걸치면 자신의 진정한 강점을 활용할 수 없으리라는 것을 깨달았다. 그래서 갑옷을 벗고 맨몸으로 나섰고, 우리가 익히 알다시피, 물맷돌 한 방으로 골리앗을 꺼꾸러뜨렸다.

던은 여성 리더들이 이와 유사한 상황에 처한다고 말한다. 남성용 갑옷을 입으려 애쓰지만 맞지 않는 일이 벌어진다. 그렇게 맞지도 않는 남성적 힘의 허울에 갇혀 제 능력을 발휘하지도 못하고 실패를 맛보는 경우가 허다하다. 던은 그런 여성들에게 남성용(왕의) 갑옷을 벗어던지고 여성 특유의 강점을 살리라고 조언한다.

던은 자신의 모든 홍보용 자료에 이 테마를 이용한다. '왕의 갑옷'이라는 테마로 연설도 하고 이를 테마 삼아 학술지 논문과 책을 쓸 계획도 세우고 있다.

코끼리 길들이기

패트릭 캐럴(Patrick Carroll)은 자산관리사다. 그는 또한 자산전략그룹(Wealth Strategies Group)의 회장이며 '생활방식 보호물(The Lifestyle Protector)'이라는 프로그램의 창안자이기도 하다. 최근 패트릭은 투자 및 자산설계 전략을 다루는 표준적인 금융 세미나에 사람들이 모이지 않는 현상을 목도했다. 그래서 이제 새롭고 다른 테마로 접근해야 할 필요성을 느끼지 않을 수 없었다.

나와 몇 차례 논의를 거치는 과정에서 그는 자신이 제공하는 진정한 가치가 돈과 맺게 되는 감정적 관계를 클라이언트들이 잘 다스리도록 돕는 것임을 깨달았다. 사람들이 투자 관련 결정을 내릴 때 이성적인 마인드를 이용하지 않는 게 문제라고 그는 말한다. 주로 감정에 의존하고, 그래서 때로 재난과도 같은 결과를 맛본다는 것이다.

이런 얘기를 들으며 우리는 조너선 헤이트(Jonathan Haidt)가 쓴 『명품을 코에 감은 코끼리, 행복을 찾아나서다(The Happiness Hypothesis)』라는 책을 떠올렸다. 헤이트는 이 책에서 사람의 이성과 감정을 코끼리 등에 탄 기수와 코끼리에 빗대어 설명한다. 헤이트가 묻는다. "만약 코끼리는 왼쪽으로 가고 싶고 기수는 오른쪽으로 가고자 하는 경우 그들이 결국 가게 되는 방향은?" 코끼리가 가고 싶은 방향으로 가게 된다는 것이 정답이다. 헤이트는 대부분의 사람들이 이성이 아닌 감정을 따른다고 말한다. 코끼리가 주인이라는 얘기다.

이 스토리가 패트릭의 관심사에 딱 들어맞는다는 판단 아래 우리는 '코끼리 길들이기'라는 테마를 창출하기로 결정했다. 돈에 대해 갖는 클라이언트의 감정을 제어하는 방법을 테마로 정한 것이다.

패트릭은 이 테마를 세미나와 연설회 등에 적용해 매우 긍정적인 반응을 얻고 있다. 사람들은 무슨 의미로 코끼리를 들고 나왔는지 알고 싶어 한다. 패트릭은 또한 같은 제목과 테마로 CD를 제작해 배포하고 있다.

자, 당신도 여느 펭귄들과 차별화를 이룰 수 있는 테마를 창출하고 싶은가? 그렇다면 다음 단계를 따르기 바란다.

1. 당신의 잠재고객들이 겪는 문제를 파악하고 그것을 해결하기 위해 당신이 가르치고 싶은 교훈을 확정한다.(예: 비즈니스 종사자 대부분이 똑같아 보여서 그들을 돈 보이게 하려면 빅아이디어 패키징 방법을 가르쳐줄 필요가 있다.)

2. 당신의 메시지와 아주 유사한 비유를 찾아낸다.(예: 비즈니스 종사자들이 모두 똑같아 보이는 펭귄 무리와 꼭 닮았다.)

3. 그 테마를 이용해 기억하기 쉬운 명칭을 찾아낸다.(예: 펭귄 프라블럼.)

4. 당신의 테마와 일치하는, 강력하게 눈길을 끄는 사진이나 그림을 구한다.(예: 남극 펭귄들의 사진.)

5. 그 스토리와 명칭, 사진 등을 당신의 마케팅 도구 및 활동에 이용한다.(예: 광고, 기사, 브로슈어, 웹사이트, 서적, 오디오 CD, 비디오 등.)

누구든 이 단계만 그대로 따르면 잠재고객들을 끌어들일 수 있는 테마를 선정할 수 있다. 재미 요소를 담아야 한다는 점을 잊지 말라. 너무 진지하게 가지 말라는 뜻이다. 사람들은 즐거운 경험을 할 때 더 나은 반응을 보인다. 또한 연구조사에 따르면 시골이나 동물, 역사와 관련된 테마가 최상의 효과를 발휘한다. 잠재고객들에게서 매우 긍정적인 감정을 이끌어내는 테마들이기 때문이다. 기술과 도시, 스포츠 등과 관련된 테마는 별다른 효과를 거두지 못한다.

결국 질문은 이것이다. 당신의 테마는 무엇인가?

12

마인드 집중

PINK
PENGUIN™

브랜드 네임을 붙여야
고객이 온다

윈스턴 처칠(Winston Churchill)의 재담으로 시작하자. "총부리 앞에 서는 것보다 더 마인드를 집중시키는 경우는 없다." 그의 말은 사실이겠지만, 마인드를 집중시키는 보다 안전한 방법이 있다. 바로 네이밍(naming)이다. 당신의 빅아이디어에 브랜드 네임을 붙이는 것이 잠재고객의 마인드를 집중시키는 최상의 방법이라는 뜻이다.

마케팅 아이디어를 개발해서 패키징하는 일을 한다고 말하는 게 낫겠는가, 아니면 '빅아이디어 어드벤처'라는 프로그램을 제공한다고 말하는 게 낫겠는가? 자산 설계를 돕는다고 말하는 것과 '재산관리 성공 솔루션'이 있다고 말하는 것 가운데 어느 쪽이 더 고객의 관심과 집중도를 높이겠는가? 단순히 치과의사라고 소개하기보다는 '당당한 미소 프로그램'을 운용한다고 소개하는 쪽이 고객의 마인드를 더 집중시키지 않겠는가?

손에 잡히지 않는 무언가를 묘사하려면 브랜드 네임을 이용해야 한다. 그래야 그것을 실제적인 무엇으로 느끼게 만들 수 있다. 눈에 보이지 않는 무언가를 눈으로 볼 수 있게끔 변혁을 가하는 것이다. 또한 빅아이디어에 이름을 붙이는 것은 정통성과 접착력을 부여하는 것과 같다.

여기서 '접착력'은 고객의 마인드에 들러붙는 힘을 말한다. 실제로 과학자들은 인간의 뇌가 이름을 가진 것들을 저장하도록 설계되어 있다고 밝힌 바 있다. 이름이 없으면 뇌는 들어온 정보를 두어야 할 마땅한 곳을 찾지 못하고 그냥 방치한다는 뜻이다.

나는 비즈니스를 개시한 첫 해인 1987년에 브랜드 네임의 힘을 깨달았다. 당시 클라이언트 중에 웬디(Wendy)라는 여성이 있었다. 의류 제조업체를 상대로 세탁과 다림질 서비스를 제공하는 소규모 개인사업자였다. 의류업체에서는 제조된 의류를 소매점에 내보내기 전에 세탁하고 다림질하는 작업이 필수다. 웬디는 그런 일을 맡는 하청업자였다.

웬디는 나름대로 사업을 잘하고 있었지만 한 가지 문제가 있었다. 홍콩 출신이라서 영어로 의사소통하는 데 어려움을 겪었다. 자신의 서비스를 잠재고객들에게 빠르게 설명하는 일이 쉽지 않았고, 그래서 경쟁업체에 일감을 빼앗기는 경우가 종종 발생했다.

나는 그녀와 몇 차례 컨설팅 시간을 가지면서 그녀의 서비스에 걸맞은 브랜드 네임을 만들어냈다. 우리가 함께 도출한 그 이름은 '더 프레스토 프레싱 시스템'●이었다. 먼저 그녀가 하는 모든 일이 '체계화'되었음을 강조하기 위해 '시스템'을 붙였다. 고객이 얻을 수 있는 이득, 즉 빠르고 편리한 서비스는 '프레스토'에 담았다. 그렇게 해서 통상적인 세탁 및 다림질 서비스와는 다르다는 느낌을 주는 특별한 브랜드 네임을 마련한 것이다.

웬디는 그 이름을 이용함으로써 자신의 사업에 대해 보다 설득력 있는 스토리를 좀 더 용이하게 전달할 수 있었다. 이제 사람들의 첫 반응은 대개 그녀의 '시스템'에 대해 묻는 것이었다. 그러면 그녀는 해당 프로세스의 6단계를 차분히 소개했고, 잠재고객들은 그녀가 제공하는 서비스의 모든 가치를 쉽게 파악할 수 있었다.

● The Presto Pressing System '매우 빠르게'라는 의미의 'presto'에 '다림질'을 뜻하는 'pressing'을 결합한 이름이다. '쾌속 다림질 시스템' 정도로 볼 수 있다.

더 프레스토
프레싱 시스템

빅아이디어에 브랜드 네임을 붙이면 잠재고객들의 관심을 끌고 기억하기 쉽게 만들 수 있다.

우리는 또한 이름 뒤에 슬로건도 추가했다. "더 프레스토 프레싱 시스템: 당신의 긴급한 니즈까지 다려드립니다." 재밌고 기억하기 쉬운 데다가 지속적인 경쟁력까지 갖춘 슬로건이었다. 웬디는 20년 넘게 이 이름과 슬로건을 모든 종류의 마케팅 활동에 이용했다. 이 패키징 덕분에 그녀는 자신의 사업체를 '구멍가게'에서 대형 도급업체로 변혁시킬 수 있었다.

수년 전, 더그 맥퍼슨(Doug McPherson)이라는 클라이언트가 찾아왔다. 메릴랜드 주에서 상속 설계 비즈니스를 운영하는 남성이었다. 더그는 주로 건설회사 사업주들이 사업체를 매각하거나 다음 세대에 물려주는 일을 도왔다.

더그의 문제는 아침 일찍 현장에 찾아가 잠재고객들을 만날 수밖에 없는데, 일이 바쁜 그 사람들이 고작 15분밖에 시간을 내주지 않는다는 것이었다. 15분은 더그의 비즈니스를 소개하기에 턱없이 부족했다. 자신이 제공하는 모든 가치를 제대로 설명하려면 적어도 한 시간은 필요했다.

더그에게 필요한 조치는 명약관화했다. 자신의 빅아이디어에 이름을 붙이고 더 나은 엘리베이터 스피치를 개발하는 것이었다.

논의를 거치는 동안 더그는 내게 "건설사들은 프로젝트를 수행할 때 항상 '크리티컬 패스'라는 문서를 만든다"고 말했다. 특정 건축 프로젝트의 단계별 계획과 각 단계별 데드라인을 명시하는 문서였다. 그는 이 '크리티컬 패스' 테마를 자신의 빅아이디어에 적용하는 방법을 놓고 고심해오던 터라 '더 맥퍼슨 크리티컬 패스 프로세스'라고 이름 붙이면 어떻겠냐고 물었다. 나는 매우 멋진 아이디어라는 생각이 들었고, 그래서 다음번 현장 방문 때 당장 사용해볼 것을 제안했다.

더그는 바로 다음 날 건설 현장으로 달려갔다. 사업주는 그에게 15분을 내 줄 테니 하고 싶은 말을 해보라고 했다. 더그는 그렇게까지 많은 시간이 필요 없다고 응수하며 이렇게 말했다. "제게는 '더 크리티컬 패스 프로세스'라는 프로그램이 있습니다. 사장님께서 상속을 합리적이고 유익하게 설계하도록 크리티컬 패스를 창출해주는 프로그램입니다." 놀랍게도 그 잠재고객은 즉각적인 관심을 보이며 이렇게 말했다. "그런 크리티컬 패스가 필요하던 참인데…… 언제부터 시작할 수 있나요?"

더그는 자신의 빅아이디어에 대한 브랜드 네임이 잠재고객의 마인드를 집중시키는 데 도움이 된다는 사실을 즉시 확인했다. 그들에게 익숙한 비유를 이용한 덕분에 그는 자신의 비즈니스를 설명하느라 한 시간씩 소비할 필요가 없었

● **critical path** '최상 경로'라는 의미로서, 프로젝트를 최단 시간에 가장 적은 비용으로 완수하기 위해 따라야 하는 절차를 말한다.

다. '크리티컬 패스'라는 용어를 잘 알고 있던 그의 잠재고객들은 더 이상의 설명을 필요로 하지 않았다. 그들은 또한 자신이 받게 될 문서를 머릿속에 그려볼 수도 있었다. 유사한 문서를 들고 내내 작업해왔기 때문이다. 더그의 브랜드 네임은 마치 속기 장치처럼 작용하며 잠재고객들이 보다 빠른 결정을 내리도록 도왔다. 덕분에 더그가 전보다 빠르게 더 많은 거래 관계를 맺은 것은 물론이다.

네이밍 프로세스

빅아이디어에 이름을 붙이는 일은 쉬울 수도 있다. 멋진 이름이 즉각적으로 떠오를 때 그렇다. 때로는 완벽한 이름이 섬광처럼 뇌리를 스치기도 한다. 하지만 많은 경우 한동안 시간을 갖고 고민해야 한다. 나의 경우 빅아이디어가 떠오를 때마다 가능한 한 빨리 '효과적인 이름'을 도출하기 위해 노력한다. 완벽하게 멋진 이름인지 아닌지에 대해서는 그다지 신경 쓰지 않는다. 효과를 볼 수 있는 이름이면 충분하다고 판단하기 때문이다.

효과에 초점을 맞추고 이름을 붙이려고 생각하면 우선 부담감을 덜어낼 수 있다. 그저 자신의 아이디어를 출발점으로 삼으면 된다. 사람들은 종종 완벽한 이름을 찾아내려 애쓰다가 난관에 봉착한다. 한번은 그런 여성 사업가와 일을 한 적이 있다. 그녀는 우리가 제시한 효과적인 이름을 맘에 들어 하지 않았다. 뭔가 더 낫고 더 멋진 이름을 원했다. 그녀는 본인이 그것을 찾아내보겠다며 우리를 떠났다. 그 후로 그녀를 보지 못하다가 1년쯤 지난 후 어느 컨퍼런스에서 우연히 그녀와 마주쳤다. 그녀는 아직도 적절한 이름을 찾지 못해 자신의 빅아이디어를 실행하지 못하고 있노라고 말했다. 나는 그녀에게 1년을 허비한 셈이라고, 어떤 이름을 썼든 빅아이디어를 실행에 옮겨 돈을 벌 수 있었을 것이라고 말했다. 또한 실제로 빅아이디어를 구현해 이용했더라면 그러는 과정에서 더 나은 이름을 찾았을 가능성이 높다고 조언했다. 이 여성 사업가의 사례가 주는 교훈은 이것이다. '완벽한 이름에 목맬 필요는 없다.'

또한 자신이 찾은 이름을 반드시 좋아할 필요는 없다는 점도 기억해야 한다. 효과만 있으면 된다는 뜻이다. 수년 전, 어떤 지방 대학에서 인터넷 마케팅 워크숍을 진행한 적이 있다. 탁월한 프로그램이었음에도 수강생은 고작 10명 내지 15명 정도밖에 등록하지 않았다. 패키징을 제대로 하지 못한 탓이 아닌가 하는 생각이 들기 시작했다. 내가 붙인 '더 디지털 마케팅 워크숍'이라는 이름이 문제인 것 같았다. 인터넷은 물론이고 디지털 세계의 모든 측면을 아우르는 과정을 함의하는 아주 맘에 드는 이름이었는데 말이다. 하지만 효과가 없었다.

그래서 '디 E-마케팅 워크숍'으로 브랜드 네임을 바꿨다. 맘에 들지는 않았다. 너무 진부하고 단순하다고 생각했기 때문이다. 하지만 효과는 훨씬 좋았다. 다음번 워크숍에는 50명이 등록했다. 잊지 말아야 할 중요한 교훈이다. 당신이 좋아하느냐 싫어하느냐, 당신의 어머니가 맘에 들어 하느냐 그렇지 않으냐, 그런 게 중요한 게 아니다. 문제는 효과가 있느냐 없느냐다.

고유의 활동

브랜드 네임과 엘리베이터 스피치는 자신에게만 있는 특정한 활동을 중심으로 구성하면 더욱 그 효과가 크다. 나는 그것을 '고유의 활동(signature activity)'이라고 부른다. 이 전술을 이용하면 자신이 하고 있는 일에 잠재고객의 마인드를 훨씬 더 많이 집중시킬 수 있다.

앞서 살펴본 더그 맥퍼슨의 사례가 브랜드 네임으로 고유의 활동을 인식시킨 경우다. 그의 잠재고객들은 유리한 상속을 위해 '크리티컬 패스' 문서를 창출하는 과정을 머릿속에 쉽사리 그려볼 수 있었다. 덕분에 더그는 자신의 서비스를 더 쉽게 설명할 수 있었고, 잠재고객들은 구매 결정을 보다 쉽게 내릴 수 있었다.

나 역시 고유의 활동을 중심으로 브랜드 네임을 정한다. '더 빅아이디어 어드벤처'가 대표적이다. 나는 사람들에게 그들의 사업을 위한 빅아이디어를 개발하고 패키징하도록 돕는다고 말한다. 구체적으로는 '더 빅아이디어 세팅'이라는 90분짜리 무료 컨설팅을 통해 그렇게 해준다고 말한다. 이 이름은 나름의 효과가 있다. 대부분의 사람들이 빅아이디어를 도출하는 데 큰 관심을 갖기 때문이다.

제이슨 그린리스(Jason Greenlees)라는 클라이언트가 있다. 그는 자신의 프로그램 '더 토털 파이낸셜 오거나이저'●를 위해 고유의 활동에 기초한 스토리를 개발했다. 그는 이 이름의 바인더를 고객과 함께 만들어나가며 그들이 자신의 자산 전체를 체계적으로 정리하도록 돕는다.

제이슨은 자신의 비즈니스에 대한 설명 대신 그저 준비한 스토리를 들려주고 바인더 샘플을 보여준다. 그러면 잠재고객은 이렇게 말한다. "제게도 이런 게 필요하네요. 언제부터 시작하면 좋을까요?" 이렇게 고유의 활동을 담은 스토리 덕분에 제이슨은 훨씬 쉽게 영업을 진행하며 더 많은 잠재고객과 더 빠르게 계약을 체결하고 있다.

● **The Total Financial Organizer** '종합 자산관리 서류철'을 뜻한다.

처음에는 어색해도

주의 차원에서 덧붙인다. 빅아이디어에 브랜드 네임을 붙여 사용하는 일이 처음에는 어색하게 느껴질 수도 있다. 하지만 곧 그 이름이 당신의 스토리를 더 쉽게 전달하게 해주고 잠재고객들이 당신의 일을 더 쉽게 이해하도록 해준다는 사실을 깨달을 것이다. 두세 번만 시도해보면 바로 알 수 있다.

다음은 빅아이디어 네이밍과 관련된 추가적인 조언이다.

- 네 단어 이하로 이름을 지어라. 그보다 긴 이름은 말하다 지치기 마련이다.
- 영어권 시장을 겨냥한 영어 이름은 반드시 '더(The)'로 시작하라. 유일무이한 것이라는 인상을 주고 무형의 빅아이디어를 유형의 무엇으로 느끼게 만들기 위해서다. 어떤 경우든 브랜드 네임은 고유명사화할수록 좋다는 점을 잊지 말라.
- TSSP나 FGBY 등과 같은 식의 두문자어를 피하라. 이니셜로 이름을 짓지 말라는 뜻이다. 빅아이디어는 구르메로 포지셔닝해야 마땅하다. 두문자어는 패스트푸드 인상을 풍긴다.
- 인터넷을 검색해 다른 누군가가 이미 그 이름을 사용하고 있지나 않은지

확인하라. 도메인 네임을 등록하면 더욱 좋다. 만약 그 도메인 네임을 누군가 이미 등록했다면, 매입하는 것도 고려해보라.

- 브랜드 네임에(TM)과 같은 상표기호를 붙여도 좋다. 언젠가 정식으로 상표 등록을 할 계획임을 나타낼 뿐, 문제 될 게 없다.
- 이름이 확실히 정해진 이후에는 적법한 절차를 밟아 상표권 등록을 하는 것이 바람직하다.

자, 당신의 빅아이디어에는 어떤 브랜드 네임을 붙여줄 것인가.

콘셉트 토네이도

아이디어와 콘셉트를
패키징하라

자신의 비즈니스를 설명할 때 자신이 하지 않는 일만 말해야 했던 클라이언트가 있다. 물론 우리를 만나기 전의 일이다.

메트 키팅(Mette Keating)은 실내 장식가가 아니었고 색상 전문가도 아니었으며 풍수 전문가도 아니었다. "그렇다면 당신은 무슨 일을 하는 사람입니까?" 내가 그녀에게 물었다. "모르겠어요." 그녀의 대답이었다. "그 모든 걸 하긴 하지만 어느 하나를 전문적으로 하는 게 아니거든요. 그러니까 실내 장식가라 할 수도 없고 풍수 상담가라 하기도 모호한 거예요. 그렇게 한정해서 이름 붙일 수가 없거든요. 사실 저는 그 이상이란 말이에요."

메트뿐 아니라 수많은 컨설턴트와 자문가, 강연가, 저자 등과 같은 전문가들이 이와 유사한 문제를 겪는다. 이것저것 여러 가지 일을 하고 있어 딱히 뭐라고 이름 붙일 수 없는 뒤죽박죽인 상황 말이다. 나는 이 문제를 '콘셉트 토네이도(The Concept Tornado)'라고 부른다.

이 문제를 안고 있는 사람들은 머릿속에서 서로 다른 다수의 콘셉트와 아이디어, 상징, 모델들이 소용돌이치고 있어서 자신의 직업이 무엇인지가 아니라 무엇이 아닌지만 설명할 수 있다.

콘셉트 토네이도는 직업이 계속 생겨나고 재창조될 뿐 아니라 직업 간의 경계가 흐려지고 크로스오버가 유행하는 오늘날의 사회에서 특히 심각한 문제다. 다양한 원천에서 보다 많은 정보와 지식, 지혜를 얻을수록 우리는 서로 다른 다수의 방법과 양식을 우리의 일에 적용할 수밖에 없다. 이러한 수렴 방식은 새롭고 보다 효과적인 솔루션을 이끌어낼 기회를 마련해준다는 점에서 매우 유익하다. 하지만 우리 자신을 패키징하는 일은 더 어렵게 만든다는 난제가 수반된다. 우리 중 상당수는 이제 교사나 회계사, 마케터, 보험 설계사, 실내 장식가 등과 같은 과거의 전문직 명찰을 더 이상 사용할 수 없다. 그러한 정의는 우리가 하는 일의 오직 한 가지 요소만을 담아내기 때문이다.

나의 아내 지니(Ginny)도 이런 문제를 겪었다. 아내는 심리치료 전문의다. 우울증과 불안감으로 고통받는 사람들을 위해 워크숍을 진행하는데 그녀만의 접근방식으로 매우 큰 효과를 보고 있다. 인지행동 요법과 형태 요법, 명상 요법의 요소를 조합하고 여타의 영향 요소와 아이디어, 방법을 곁들이는 접근방식이기 때문이다. 하지만 지니는 때로 자신의 워크숍에 대해 설명하는 데 어려움을 겪었다. 세 가지 다른 양식을 결합하고 있었기 때문이다.

가이어 맥스웰(Gair Maxwell) 역시 콘셉트 토네이도에 휘말려 헤매고 있었다. 그가 운영하는 펀디 그룹(The Fundy Group)은 클라이언트의 직원들과 밀접히 공조하는 방법으로 그들의 브랜드 구축 작업을 돕는 일을 했다. 가이어와 그의 팀은 실력이 뛰어났지만 그들의 접근방식을 뒷받침하는 이론과 원칙을 설명하는 데 어려움을 겪고 있었다. 가이어는 내게 이렇게 말했다. "뒤죽박죽 뒤섞인 개념들과 끝까지 살려볼 만한 아이디어들은 많지만 그것을 하나로 아우르는 이론이 없습니다. 그 때문에 우리의 스토리를 자신 있게 전개하지 못하고, 그로 인해 거래 관계를 맺지 못하는 일이 허다합니다."

메트, 지니, 가이어, 이 세 인물은 오늘날 복잡다단한 사업을 꾸리고 있는 사람들의 전형이다. 멋진 아이디어와 콘셉트는 많지만 그 모두를 아우르는 간단한 스토리를 전달하는 방법은 모른다. 또한 콘셉트 토네이도에서 빠져나올 수 있는 방법이 오랜 기간 눈앞에 놓여 있었다는 사실도 깨닫지 못하고 있다.

만약 당신이 서로 다른 많은 일을 하면 콘셉트 토네이도로 인해 당신이 무슨 일을 하는지 명확히 설명하기가 어려워진다.

그렇다면 이런 콘셉트 토네이도에서 빠져나오는 방법은 무엇인가? 아주 간단하다. 자신에 대한 생각을 멈추고 고객에 대해 생각하는 것에서부터 시작하면 된다. 고객이 당신의 그 수렴적이고 난해한, 콘셉트들의 융합에서 얻을 수 있는 이득이 무엇인지 먼저 생각하라는 얘기다. 그러면 단일의 패키지를 만들어낼 수 있다.

메트의 문제부터 함께 해결해보자. 나는 그녀에게 그녀의 고객인 사업주들에 대해 생각해볼 것을 요구했다. 그러곤 이렇게 물었다. "당신의 잠재고객들이 가진 큰 문제가 뭡니까?" 그녀의 첫 답변은 이랬다. "아무런 활기도 느낄 수 없고 따분하게만 만드는 사무실이 문제라고 생각해요." 나는 그것도 맞지만 그로 인해 발생할 문제가 무엇이겠느냐고 다시 물었다. "글쎄요, 사무실 직원들이 그렇게 기운이 빠지면 업무 수행력이 떨어지겠죠. 마치 죽음의 지대에서 일하는 것처럼 느낄 테니까요."

"그렇다면 당신이 이 문제를 해결하기 위해 제공할 수 있는 '최상의 이득'은 무엇인가요?"

"직원 모두가 진정으로 활력을 느낄 수 있는 사무실을 창출하도록 도울 수 있어요."

"그럼, 당신의 프로그램을 '사무실 활력 회복 솔루션(The Office Alive Solution)'

으로 부릅시다."

메트는 그 이름과 콘셉트를 무척 맘에 들어 했다. 모든 것을 아우르는 패키지였기 때문이다. 그녀는 이제 더 이상 실내 장식과 색상, 풍수에 대해 일일이 설명할 필요가 없었다. 그저 클라이언트의 상황에 대해 말하고, 클라이언트의 사무실에서 일하는 모두가 완전히 살아 있다는 느낌을 갖고 활력을 되찾도록 만드는 방법에 대해서만 설명하면 그만이었다.

다음은 지니의 사례다. 우리는 그녀가 우울증과 불안감을 완화하는 방편으로 환자들에게 습득시키는 기술들에 초점을 맞췄다. 지니는 가장 중요한 기술이 자신의 기분에 보다 유념하는 방법을 배우는 것이라고 말했다. 거기에 착안해 우리는 '기분 유념 워크숍(The Mindful Mood Workshop)'이라는 이름을 도출해냈다. 이 이름을 사용하면서부터 그녀는 세 가지 양식이 어떻게 조화를 이뤄 더욱 기분에 유념하게 만드는지 환자들에게 더 잘 설명할 수 있게 되었다.

마지막으로 가이어 맥스웰의 경우다. 클라이언트의 관점에서 상황을 들여다본 가이어는 자신이 고객에게 제공할 수 있는 '최상의 이득'이 브랜드를 구축한 후 조직 전체에 이음새 없이 매끄럽게 퍼뜨리는 것이라고 했다. 그러곤 이렇게 말했다. "새로 구축한 브랜드는 조직 전체에 고르고 매끄럽게 흡수시키고 모든 직원들이 동참하도록 만들어야 합니다. 그렇게 하지 않으면 일관적이고 효과적인 홍보를 펼칠 수 없게 되기 때문입니다. 그러면 브랜드의 정착은 요원한 일이 되고 마는 겁니다." 이런 논의 끝에 우리는 가이어의 프로그램을 하나로 아우르는 이름을 찾아냈다. 바로 '천의무봉 브랜드(The Seamless Brand)'였다.

가이어는 이후 이 '천의무봉 브랜드'의 콘셉트를 홍보뿐 아니라 강연에도 이용했으며, 요즘은 같은 이름으로 책을 집필하고 있다. 또한 이 단일 아이디어를 핵심 패키지로 정의하고 브랜딩함으로써 가이어와 그의 팀은 클라이언트들이 성취하도록 도울 수 있는 진정한 이득을 명확히 이해하게 되었고, 덕분에 전보다 훨씬 더 초점을 맞춰 사업을 펼칠 수 있게 되었다.

때로는 콘셉트 토네이도에 휘말려도 무방하다. 다양한 경험을 쌓고 다양한 개념적 요소를 축적하며 당신이 추후에 확립할 이론의 풍부한 재료를 마련하는 기회가 될 수 있기에 하는 말이다. 하지만 그래도 어느 시점에 이르러서는 반드시 거기에서 벗어나 당신 자신의 빅아이디어를 패키징해야 한다. 자, 또 질문이다. 당신은 혹시 그 시점에 도달해 있지 않은가.

14

우주 택시

PINK
PENGUIN™

예상치 못한 경험을
패키징하라

택시 기사들 역시 대부분 펭귄이다. 모두 같은 종류의 택시를 몰고 여기서 저기로 손님을 모시며 동일한 체계의 요금을 받는다. 여타 업계의 펭귄들처럼 택시 기사들도 구분이 안 된다. 손님이 보기엔 모두 똑같기 때문이다.

그러다 어느 날 저녁, 나는 실로 펭귄과는 거리가 먼 택시 기사를 만났다. 지금부터 그 이야기를 들어보자. 아내와 함께 뉴욕에 갈 일이 생겨 공항까지 갈 택시를 불렀다. 택시에 오르자마자 우리는 머나먼 이국에 들어선 느낌을 갖지 않을 수 없었다. 택시 내부가 바닥부터 천장까지 장난감과 트로피, 점멸등, 액션 피규어들로 가득 차 있었다. 게다가 마침 부활절 시즌이라고 부활절 달걀

바구니까지 갖춰놓았다. 뿐만 아니었다. 양옆에 마련된 진열대에는 잡지들이 꽂혀 있었고 앞좌석 등받이에 설치된 모니터에는 발리우드(Bollywood) 뮤직비디오가 틀어져 있었다.

우리는 택시를 타며 기대했던 바가 전혀 아닌 탓에 처음에는 그 모든 걸 어떻게 이해해야 할지 몰랐다. 아크버(Akber)라는 이름의 택시 기사는 환한 미소와 함께 환영 인사를 건네며 이렇게 설명했다. "탑승하시는 시간 동안 재밌게 보내시라고 준비한 겁니다. 기분 좋은 하루를 보내자는 의미로 말입니다. 저는 이 택시를 '우주 택시'라고 부릅니다."

공항으로 가면서 생각해보니 아크버는 빅아이디어를 가진 사람이었다. 그는 택시 업계에 종사하는 또 하나의 펭귄이 되고 싶지 않았던 것이다. 그가 말했다. "제 택시를 타신 손님들은 다들 흡족해하십니다. 재밌는 경험으로 생각들 하시거든요. 이런 택시는 난생처음이라고 하시며 말이에요."

아내와 나 역시 흡족한 마음이 들었다. 우리는 공항으로 가는 내내 아크버와 농담을 주고받고 웃음을 터트리며 재밌는 시간을 보냈다. 그는 이 택시를 타고 싶어서 특별히 호출하는 고객들이 많다고 말했다. "친구들이나 가족들에게 이 택시를 경험해보게 하고 싶다고 제게 전화하는 손님들도 계십니다. 또 다음번에는 어떻게 바뀔까 궁금해서 계속 부르는 손님들도 있고요. 제가 부활절과 할로윈, 크리스마스, 그리고 이렇게 매 시즌마다 내부 장식을 바꾸거든요."

아크버는 그렇게 시즌마다 택시를 새로 단장하는 데 2,000달러 정도의 비용이 들어가지만 그만한 가치가 있는 일이라고 말했다. "팁을 20 내지 30퍼센트씩 주시는 덕분에 그 가운데 일부를 모았다가 택시를 장식하는 데 쓰면 되거든요."

그런데 다른 택시 기사들은 그의 이런 행동을 못마땅해한다고 했다. "다들 저보고 미쳤다고 말합니다. 제가 왜 이 모든 걸 하고 그렇게 많은 돈을 투자하는지 이해를 못하는 겁니다. 하지만 상관없습니다. 제가 좋아서 하는 일이니까요. 게다가 손님들도 좋아하시니 저들이 뭐라 하든 신경 쓸 게 없는 거죠."

천 번 만 번 지당한 얘기다.

아크버와 그의 우주 택시는 내가 20년 동안 주창해온 빅아이디어 정신을 구현하고 있었다. 약간의 상상력과 재미 추구 정신으로 아크버는 지루한 택시 업계에 사뭇 다른 방식을 보여주었다. 기존의 관행을 답습하는 데 만족하지 않고 새로운 방향을 모색한 그는 이제 상상력이 부족한 경쟁자들보다 두세 배나 많은 팁을 받고 있다.

빅아이디어 패키징은 새로운 제품이나 서비스를 파는 것을 의미한다. 그러

약간의 상상력에 재미를 덧붙이면 고객이 잊지 못할 의외의 경험을 창출할 수 있다.

나 우주 택시 스토리는 기존과 다른 방식을 도입함으로써 고객의 경험을 바꿔주는 것의 가치를 여실히 보여준다. 이는 고객의 기대에 부응하거나 그것을 뛰어넘는 것뿐 아니라 고객이 예상치 못한 무언가를 행하는 것까지 의미한다.

예기치 못한 상황은 새로운 경험을 창출한다. 그래서 여행이 그렇게 흥미와 재충전을 안겨주는 것이다. 한 곳에 오래 살다 보면 주변의 모든 것에 익숙해진다. 가게든 자동차든 사람들이든 간에, 새로울 게 없어 특별히 눈길이 가지 않는다. 모든 것을 너무 많이 봐왔던 터라 어떤 것도 두드러져 보이지 않고, 그래서 관심도 가지 않는다. 당신의 마인드가 수면 모드에 들어가는 것이다.

그러나 여행을 할 때는 다음에 무슨 일이 벌어질지 모른다. 전에 와본 적이 없기 때문에 당신의 마인드는 초민감 상태에 들어간다. 온갖 종류의 새로운 일이 펼쳐지고 거기에는 예상치 못한 일도 상당수 포함된다. 그리고 대부분 유쾌한 일들이라면 즐겁고 활기가 샘솟는 경험이 되는 것이다.

그것이 바로 우리가 고객에게 느끼게 해야 하는 바이다. 깨어 있고 관심이 가며 활기가 샘솟는 느낌 말이다. 고객은 그런 마인드에 들어갈 때 당신에게 보다 관심을 갖고 거래 관계를 맺을 가능성이 높아진다. 이런 긍정적인 분위기를 창출하는 방법은, 여타의 펭귄들은 하지 않는 어떤 특별한 일을 하는 것이다.

예를 들면 금융서비스 업계에 종사하는 펭귄들 대부분은 정확히 똑같이 움직이며 동일한 일을 한다. 먼저 잠재고객에게 재정 설문지를 채우게 한 후 직접 만나 그들의 자산에 대한 몇 가지 질문을 던진다. 그런 다음 투자 계획을 짜서 제시하는 식이다. 그 계획이 잠재고객의 마음에 드는 경우 계약을 체결하고 그의 돈을 맡아 관리하게 된다.

이것이 표준 프로세스다. 하지만 잠재고객 혹은 클라이언트가 예상하는 바와 정확히 일치하기 때문에 따분하기 이를 데 없는 과정이다. 고객들은 분명히 다른 자산관리사나 설계사와 두세 차례 정도는 똑같은 과정을 밟아봤을 것이다.

자산관리사는 꼭 이렇게 지루하게 움직여야 하는가. 내가 아는 어떤 자산관리사는 다르다. 그는 리무진을 준비해 클라이언트들을 온천으로 모신다. 그렇게 먼저 긴장을 풀고 재충전하게 한 다음에 클라이언트를 만나 그의 돈에 대해 이야기한다. 이런 색다르고 재미난 경험을 마다할 클라이언트는 별로 없다. 오히려 그런 경험이 여타의 따분한 펭귄들 대신 그와 관계를 맺고 유지하는 이유 중 하나가 된다.

캐나다 동부에 이 콘셉트의 중요성을 제대로 이해하는 중고차 딜러가 있다. 짐 길버트(Jim Gilbert)라는 이름의 그 딜러는 '포옹'을 무기로 사용한다. 그의 자동차 매장에 들어서면 사장이든 직원이든 보는 대로 다가와서 일단 가벼운 포옹을 선사한다. 이는 사람들에게 환영받고 특별한 인물로 대우받는다는 느낌을 준다. 그의 매장은 또한 아이들을 위한 갖가지 인형과 간식, 놀잇감 등을 구비하고 있다. 여타의 자동차 매장에서 경험해본 것과는 전혀 다른 무엇을 제공하는 것이다.

짐이 이 '포옹' 아이디어를 내놓았을 때 업계의 다른 펭귄들은 그를 비웃었다. 다들 그런 괴짜 짓거리는 오히려 역효과를 낼 것으로 생각한 것이다. 그러나 그들이 틀린 것으로 입증되었다. 뉴브런즈윅 주 프리데릭턴에 있는 짐의 중고차 매장 휠스앤딜스(Wheels and Deals)는 현재 캐나다 동부에서 가장 잘나가는 업체. 비즈니스 및 경영 관련 상을 몇 차례 수상하기도 했으며, 그의 이름을 모르는 사람이 없을 정도다. 많은 사람들이 그의 매장을 방문해 포옹 받기를 원한다.

우리 가족이 종종 찾는 전원주택 근처에는, 역시 '경험'을 패키징해 놀라운 성공을 거둔 웨버스(Webers)라는 햄버거 가게가 있다. 그곳에 가면 먼저 가게 밖에 진을 친 긴 줄에 합류해야 한다. 그러면 밖에 나와 있던 점원이 즉시 다가와 주문을 받는다. 잠시 후 조리하는 구역이 보일 정도로 줄이 줄어든다. 요란한 록 음악에 맞춰 노래하고 춤추며 햄버거를 굽는 조리사들이 눈에 들어온다. 진정 즐거운 시간을 보내는 듯 흥겨운 모습들이다. 그들의 흥은 전염성을 띠어서 손님들도 곧 흥겨워진다. 노래를 따라 부르거나 가볍게 몸을 흔들게 되기 마련이다. 그렇게 몇 초가 지나고 주문한 음식이 나오면 인근의 아름다운 공원으로 가서 햄버거와 감자 칩을 맛있게 즐길 수 있다.

웨버스는 수천의 사람들이 경험하는 전원주택 생활의 필수불가결한 요소로 자리 잡았다. 그곳에 가서 음식을 손에 넣는 과정 자체가 왠지 거치지 않으면 손해 볼 것 같은 느낌을 유발한다. 재미나고 신속하며 음식까지 매우 맛있기 때문이다.

요점은 제품뿐 아니라 과정도 중요하다는 것이다. 웨버스에 가는 것만으로도 즐겁다. 그곳에 가본 적이 있는 사람들은 하나같이 지인들에게 이렇게 말한다. "웨버스는 꼭 가봐야 해요. 기억에 남는 경험할 거예요."

자, 당신은 경험을 리엔지니어링해서 고객의 기억에 각인되도록 하기 위해 무엇을 할 수 있는가. 어떻게 다르게 만들면 좋겠는가. 보다 재밌게 만드는 방법은 없는가.

15

이왕이면 다홍치마

PINK
PENGUIN™

멋진 디자인으로
신뢰를 구축하라

데이트 상대와 저녁식사를 즐기기 위해 번화가를 찾았다고 상상해보자. 거리 한쪽에 두 개의 레스토랑이 나란히 서 있다. 두 곳 다 가본 적이 없어서 어느 곳으로 들어갈지 잠시 생각해본다. 물론 당신은 모르는 사실이지만 두 곳은 모두 메뉴도 훌륭하고 셰프도 일류며 서비스도 탁월하고 음식 가격도 같은 수준이다.

하지만 두 곳의 레스토랑은 한 가지 큰 차이가 있다. 왼쪽 레스토랑은 다소 지저분하고 낡아 보인다는 점이다. 창문이 더럽고 내부도 어둡고 음울해 보인다. 장식도 어울리지 않는 색들로 뒤죽박죽인 상태다. 반면 옆의 레스토랑은 비교적 아름답다. 외부 양옆으로 두 그루의 키 큰 삼나무가 버티고 서 있고 그 사이로 깜짝 놀랄 만큼 멋진 벽화가 눈에 들어온다. 밖에 걸어놓은 메뉴판을 보니 금박 글씨와 손으로 그린 삽화 등 디자인 전문가의 솜씨가 묻어난다. 창을 통해 들여다보이는 내부 장식 역시 화사하다. 테이블과 식탁보, 조명, 수공예품, 음악 등이 한데 어우러져 따뜻하고 우아한 분위기를 연출한다.

당신은 어느 레스토랑에 갈 것인가? 반드시 두 번째 레스토랑을 택할 것이다. 다른 모든 조건이 같다면 고객들 대부분은 아름다운 쪽을 선택한다. 당연지사다. 그렇다면 그 이유는 무엇일까.

우리의 연구조사에 따르면 대부분의 사람들이 아름다운 쪽을 선택하는 이유는 상대적으로 더 신뢰감이 가기 때문이다. 위의 보기에서처럼 두 레스토랑 가운데 한 곳에 들어가야 하는 경우 대부분은 아름다운 시설을 택하기 마련이다. 논리적으로 그곳이 더 청결하고 더 쾌적하며 음식이 더 맛있을 것 같기 때문이다. 반대로 보기 흉하고 낡은 레스토랑에 대해서는 더 더럽고 덜 안전하며 덜 쾌적하고 음식도 열악할 것으로 생각한다.

독자분들은 그렇지 않다고 우기고 싶을지 모르겠지만 사실 우리 모두는 겉을 보고 속까지 판단한다. 이는 자연스러운 반응이다. 바빠서 서두르는 가운데 두 가지 선택안 중에서 하나를 택해야 하는 경우 아름다운 쪽을 택하는 게 안전하다고 믿는다. 그렇게 해서 늘 후회가 없는 것은 아니지만 99퍼센트의 빈도로 그런 결정을 내린다.

실제로 연구조사 결과들은 아름다운 것이 단지 아름답다는 이유만으로도 더 나은 효과를 발휘한다고 말한다. 마셀 다네시(Marcel Denesi)가 쓴 『브랜드 (Brands)』라는 책에 소개된 사례연구를 보자. 한 리서치 회사가 기능 면에서 아무런 차이 없이 동일한 두 대의 현금자동입출금기(ATM)를 준비했다. 하지만 한 대에는 쾌적한 색채와 그래픽이 뜨는 아름다운 인터페이스를 장착하고, 다른 한 대에는 거칠고 칙칙한 느낌의 인터페이스를 달았다. 사람들이 그 기계들을 사용하는 것을 관찰한 결과, 아름다운 ATM을 이용하는 경우 더 쉽고 편하게 쓰는 것으로 드러났다. 사람들은 아름다운 ATM 앞에서 상대적으로 제반 기능을 덜 헷갈려 하며 더 빠르게 용무를 마쳤다. 연구원들은 아름다운 ATM이 더 나은 효과를 발휘한 이유가 그것의 미적 매력이 이용자들을 더 편안하게, 그리고 더 자신 있게 이용하도록 만들었기 때문이라고 결론지었다. 다시 말해서 ATM의 본질적인 아름다움이 사람들의 기분을 좋게 만들었고, 그런 기분이 다시 머리가 잘 돌아가도록 도왔다는 얘기다.

물리적 패키징이 그토록 중요한 이유가 바로 여기에 있다. 로고와 마크, 문구류(편지지, 서식용지, 봉투 등), 브로슈어, 웹사이트, 업무 공간 등과 같은 물리적 패키징이 아름답지 않으면 사람들의 신뢰감이 떨어지고 결과적으로 당신의 빅아이디어를 구매하도록 하기가 어려워진다.

대니얼 핑크(Daniel Pink) 역시 자신의 저서 『새로운 미래가 온다(A Whole New Mind)』에서 이 점을 역설했다. "기업은 이제 더 이상 합리적인 가격에 적절히 기능하는 제품을 창출하는 데에만 만족해서는 안 된다. 아름답고 독특하고 의미 있는 제품을 만들어야 하며, 작가 버지니아 포스트렐(Virginia Postrel)이 '미학적 명령'이라 칭한 바를 준수해야 한다." 핑크는 계속해서 많은 수의 경쟁자들이 본질적으로 같은 것을 팔며 북적거리는 모든 환경에서 이제는 미가 중요한 차별화 요소로 부상했다고 설명했다. 그래서 오늘날의 회사들이 물리적 패키징에 전보다 훨씬 더 많은 투자를 하고 있는 것이다.

그렇다면 아름다운 동시에 잠재고객들에게 의미까지 안겨주는 물리적 패키징은 어떻게 창출하는 것일까.

기획과 통합

우리 회사는 직접 만든 '디자인 맵(The Design Map)'이라는 도구를 이용해서 클라이언트가 필요로 하는 물리적 패키징의 모든 것을 통합한다. 즉각적으로 필요로 하는 것과 장기적으로 필요로 하는 것 모두가 여기에 해당한다. 이러한 패키지에는 로고와 마크, 명함, 문구류, 브로슈어, 웹사이트, 서적, 바인드는 물론이고 업종에 따라 수백 종의 다른 물품이나 형태적 요소가 포함될 수 있다. 일단 요소를 선별하고 나면 우리의 디자인 팀이 각각의 요소에 대한 그래픽 디자인을 개발한다. 완제품으로 만들면 어떤 모습과 느낌이 될지 사전에 살펴보기 위해서다. 이 디자인 맵은 우리에게 명확한 비전을 안겨주고 모든 그래픽 요소를 통합하도록 돕는다.

이렇게 디자인 맵을 먼저 이용하면 어떤 것이든 실제로 제작하거나 인쇄하기 전에 해당 디자인 계획의 영향을 잠재고객과 클라이언트, 포커스그룹 등을 상대로 테스트해볼 수 있다. 우리가 의도한 외양이 고객들에게 어필하고 의미 있게 다가가는지 테스트를 통해 파악하는 것이다. 만약 테스트 결과가 좋지 않으면 보다 효과적인 외양으로 바꿔서 이 과정을 다시 밟으면 된다.

우리가 디자인 맵을 이용하는 또 다른 이유는 클라이언트들로 하여금 '디자인 파편화 함정'을 피하도록 돕기 위해서다. 수개월 혹은 수년에 걸쳐 필요할 때마다 한 가지씩 디자인을 하면 서로 어울리지 않고 일관성이 없어 보이는 파편화의 문제가 발생한다. 시간이 흐르면서 디자이너가 바뀔 수도 있고 당신의 취향이 변할 수도 있기 때문이다. 결과적으로 서로 다른 외양과 색상, 이미지를 조각보처럼 기워놓는 것으로 끝날 수도 있다. 그걸 보고 프로라고 인식할 잠재고객은 없을 것이다.

연상 디자인

물리적 패키징은 또한 잠재고객에게 당신이 바라던 감정을 일깨워야 한다. 그래서 물리적 패키징의 이미지와 색채와 전반적인 레이아웃이 당신이 테마와 스토리를 통해 전달하는 메시지와 일관되게 그것을 지원해야 하는 것이다. 예를 들면 우리는 녹색과 자연의 이미지를 이용해 사업의 전반적인 외양을 구축한다. 우리가 이런 '디자인 미학'을 동원하는 이유는 사람들에게 성장과 모험의 개념을 환기시키기 위해서다.

물리적 패키징을 위한 적절한 외양을 결정하는 일이 정밀과학은 아니다. 하지만 최상으로 효과적인 것을 찾기 위해 여러 가지 다른 외양을 잠재고객들을 대상으로 테스트해볼 수는 있다. 여러 가지 다른 색상과 이미지, 레이아웃 스타일을 준비해서 어떤 조합이 당신이 바라던 느낌을 사람들에게 환기시키는지 확인해보라. 일단 확정되고 나면 그러한 '스타일 가이드'는 당신의 비즈니스를 더욱 두드러지고 의미 있으며 기억하기 쉽게 만들어줄 것이다.

다른 모든 조건이 같다면 사람들은 보다 아름다운 쪽을 구매하기 마련이다. 그쪽에 더 많은 신뢰가
가기 때문이다.

신뢰의 중요성

불행히도 많은 사업가들이 디자인을 무시하거나 소홀히 여기는 위험천만한 실수를 저지른다. '일만 잘하면 됐지 어떻게 보이느냐가 뭐가 중요해? 웬만한 사람들은 다들 그 허울뿐인 값비싼 디자인의 이면을 꿰뚫어 볼 수 있단 말이야.' 이게 그들의 생각이다. 착각도 이만저만이 아니다. 빅아이디어를 팔려면 신뢰 구축이 말할 수 없이 중요하다. 잠재고객들은 당신이 파는 상품의 진가를 볼 수 없으므로 당신이 말하는 것을 신뢰할 수 있는지 판단하기 위한 다른 방법들을 찾는다. 그런데 만약 당신의 물리적 패키징이 아마추어 냄새를 풍기고 매력이 없으며 파편처럼 분열되어 있다면 그들이 어떤 생각을 하겠는가. 당신의 빅아이디어가 자신이 말하는 것처럼 훌륭하다고 믿기 어려울 것이다. 그런 의심이 드는데 어떤 잠재고객이 선뜻 거래를 결정하겠는가. 결국 당신은 시간과 돈과 에너지만 낭비하게 되는 것이다.

고려해야 할 또 한 가지 중요한 사항은, 개념적 패키징은 고객의 이성적 측면에 영향을 미치고 물리적 패키징은 감정적 측면에 영향을 미친다는 사실이다. (기억하는가, 코끼리와 기수 중 누가 주인이었는지?) 당신이 제시하는 물리적 이미지에 대해 고객은 좋은 느낌이나 나쁜 느낌 가운데 한 가지만 생각하게 마련이다.

그들이 그 느낌을 말로 표현할 수는 없을지 몰라도 행동으로는 얼마든지 보여줄 수 있다. 아름답다고 느끼는 무언가는 구매하고 그렇지 않다고 느끼는 무언가는 구매하지 않는 게 그 행동이다.

이것이 디자인 전문가를 통해 물리적 패키징에 투자해야 하는 중요한 이유다. 선택 사항이 아니다. 비즈니스의 성공에 필수불가결한 과정이다.

16

스테이퍼프트 마시멜로 맨

**PINK
PENGUIN.**™

빅아이콘을
패키징하라

영화 〈고스트버스터즈(Ghostbusters)〉의 클라이맥스에서는 수메르의 신 고저 (Gozer)가 뉴욕 센트럴파크 웨스트의 한 아파트 꼭대기에 나타난다. 그리고서 유령 사냥꾼들에게 그들이 떠올리는 바로 다음 형태로 자신이 현신해 세상을 파괴할 것이라고 경고한다. 유령 사냥꾼들은 머릿속을 깨끗이 비우고 아무것도 떠올리지 않으려 애쓰지만 레이[Ray, 댄 애크로이드(Dan Akroyd) 분]는 자기도 모르게 그만 어린 시절의 기억 속에서 무언가를 끄집어내고 만다. 바로 스테이 퍼프트 마시멜로 맨(Stay-Puft Marshmallow Man)이다. 그리고 몇 초 후 거대하게 부풀어 오른 그 캐릭터가 악의를 품은 채 아파트 건물로 성큼성큼 다가오는 모습이 보인다.

나는 이 장면을 좋아한다. 마케팅 아이콘이나 캐릭터가 일단 우리의 뇌리에 박히면 얼마나 지우기 힘든지 증명하기 때문이다. 동명의 세제에 등장하는 미스터 클린(Mr. Clean)이나 굿이어(Goodyear) 타이어의 홍보용 비행선인 굿이어 블림프(Goodyear Blimp), 에너자이저(Energizer)의 에버레디 버니(Eveready Bunny), 프루덴셜(Prudential)의 지브롤터 바위산(Rock of Gibralter) 등과 같은 아이콘을 말하는 것이다. 우리의 마인드에서 회사를 대표하는 이들 캐릭터와 이미지는 도저히 잊을 수 없는 무엇이 된다. 이들 아이콘이 우리의 문화 풍광 가운데 일부, 내가 앞에서 언급한 상징우주 가운데 일부로 자리 잡기 때문이다.

이제 이 장의 목적을 눈치챘으리라 믿는다. 펭귄 무리에서 두드러지고 싶은가? 그렇다면 당신의 비즈니스와 그 빅아이디어를 대표하는 캐릭터나 이미지를 창출할 것을 권한다. 나는 그것을 빅아이콘(big icon)이라 칭한다. 이 개념은 11장에서 논한 테마 접근방식과 그 기초가 같지만 여기서는 디자인과 물리적 패키징에 초점을 맞춘다는 점을 염두에 두기 바란다.

나 역시 크게 효과를 본 몇 개의 캐릭터와 아이콘이 있다. 전작 『로브스터를 파는 법』을 출간하면서 나는 '로브스터'를 나의 빅아이콘 중 하나로 삼았다. 책의 표지에도 로브스터를 올리고 강연회나 무역박람회에도 로브스터 봉제 인형을 들고 나갔다. 나는 '로브스터' 사나이로 알려지며 사람들의 뇌리에 박혔다. 그 책에서 나는 또 마케팅 마이크(Marketing Mike)라는 캐릭터도 창조했다. 모두가 열정적으로 물었다. "마케팅 마이크가 실제로 누굽니까?" 우리는 또한 워크숍 참가자들에게 나눠주는 판촉용 지폐인 빅벅(Big Bucks)에 그의 얼굴을 인쇄했다.

아시다시피 이 책에서는 '펭귄'을 나의 빅아이콘으로 이용하고 있다. 펭귄을 싫어하는 사람은 거의 없다. 이제 사람들은 펭귄을 보면 나와 나의 회사를 떠올릴지도 모른다. 여러 면에서 볼 때 우리가 속한 시장에서는 이미 우리가 '펭귄'의 소유권을 차지한 셈이다. (누군가가 내게 물었다. "펭귄을 당신의 빅아이콘으로 써도 되는지 펭귄들에게 물어봤나요?" 물론 물어보지 않았다. 대체 어느 펭귄과 접촉해야 하는지 도통 알 수가 없어서.)

우리의 클라이언트 가운데 상당수 역시 잠재고객의 마인드를 집중시키고 자신의 회사를 기억하기 쉽게 만들기 위해서 캐릭터나 이미지를 이용하는데 그 종류가 각양각색이다. 예컨대 팻 캐럴은 코끼리, 스콧 포드는 마멋, 던 프레일은 갑옷 입은 여성을 빅아이콘으로 삼고 있다. 이들 빅아이콘을 꾸준히 일관되게 사용해서 더욱 많은 사람들에게 각인시키는 게 그들의 목표다.

거의 모든 것이 빅아이콘이 될 수 있다. 동물을 써도 되고 지리적 이미지를 써도 되며 역사적 인물 또는 특정한 조형물이나 건축물(이를테면 '등대')도 되고, 심지어 이름으로 작업을 걸어도 된다. 우리 도시에 브래드 램(Brad Lamb)이라는 이름의 아파트 전문 부동산 중개인이 있다. 그는 양(lamb)의 몸뚱이에 자신의 얼굴을 붙여 게시판 광고를 하고 있다. 다소 괴팍한 행태이긴 하지만 그걸 본 사람은 그의 이름을 결코 잊지 못한다. 월(Wall)이라는 이름의 또 다른 부동산 중개인은 벽돌 담(wall)을 자신의 빅아이콘으로 쓰고, 체리(Cherry)라는 이름의 여성 중개인은 체리를 자신의 이미지로 사용하는 중이다.

우리 클라이언트 중에 피닉스에서 부동산 개발사업을 하는 리키 라이언스(Ricky Lyons)라는 사람이 있다. 그는 이눅슈크(Inukshuk)를 자신의 빅아이콘으로 사용한다. 이눅슈크는 에스키모들이 이정표로 삼기 위해 세운 거대한 석상이다. 리키는 이 이미지를 통해 자신의 회사가 안정적이고 영속적이며 클라이언트에게 방향을 제시한다는 메시지를 전한다. 현재 그가 속한 시장에서 이눅슈크는 그의 회사 챔피언파트너스(Champion Partners)와 동의어로 통한다.

빅아이콘을 찾아내려면 창의력을 발휘해야 한다. 빅아이콘 때문에만 하는 소리가 아니다. 그것을 뒷받침할 스토리도 필요하기에 하는 얘기다. 책의 앞부분에서 시계를 빅아이콘으로 이용하는 오하이오 출신의 사내를 소개한 바 있다. 그것이 효과적인 이유는 그 이미지가 "당신의 재정 시계는 똑딱똑딱 가고 있다"는 내용의 스토리와 연결되기 때문이다.

빅아이콘이 훌륭한 이유는 거기에 '발이 달려서' 어디든 퍼져 나간다는 사실이다. 그렇게 퍼져 나간 빅아이콘은 또 영구히 사용할 수 있다. KFC는 샌더스 대령(Colonel Sanders)이라는 빅아이콘을 근 50년 가까이 이용해오고 있으며, 맥도날드(McDonalds)의 빅아이콘 로널드 맥도날드(Ronald McDonald)의 경우도 마찬가지다. 굿이어 블림프는 또 어떠한가. 나는 이들이 그 아이콘을 절대 포기하지 않을 거라고 믿는다.

오랜 수명은 빅아이콘의 주된 원칙이다. 오래 쓰면 쓸수록 그 힘이 강해진다. 당신의 고객은 그것을 볼 때마다 당신을 떠올리고 그것은 다시 당신의 브랜드를 그들의 마인드에 보다 깊이 각인시킨다.

빅아이콘을 로고나 마케팅 자료에 접목하는 것도 효과를 높이는 방법이다. 우리 회사의 로고는 소문자 'b'가 한 가운데에 씨앗을 품은 모양으로 구성되어 있다. 우리는 또한 다 자란 호두나무의 이미지를 브로슈어에 이용한다. 사람들이 이 이미지에 대해 물으면 우리는 이렇게 답한다. "우리의 클라이언트들은 빅아이디어의 '씨앗'을 가지고 우리에게 옵니다. 그러면 우리는 그것을 크고 건강하고 성공적인 '나무'로 키우도록 클라이언트들을 돕습니다." 이것이 효과적인 이유는 그들을 우리가 어떻게 도울 수 있는지 타당한 논리로 빠르게 이해시키기 때문이다.

빅아이콘은 신중하고 조심스럽게 선택해야 한다. 업계가 다르다 하더라도

나는 펭귄을 빅아이콘으로 이용해 잠재고객들이 나와 나의 스토리를 기억하게 만들었다.

이미 다른 회사에서 쓰는 아이콘을 채택하는 것은 금물이다. 잠재고객들에게 혼동을 줄 뿐 아니라 송사에 휘말릴 가능성도 크다. 빅아이콘을 너무 난해하거나 모호하게 잡는 것도 금물이다. 잘 알려져 있지 않은 인물이나 캐릭터 혹은 사건의 이미지를 이용하는 것은 당신에게는 기발하게 느껴질지 몰라도 다른 사람들은 연결 고리를 찾고자 하는 호기심도 느끼지 못하고 관심을 끊어버릴 가능성이 높다. 너무 진부하거나 상투적인 것도 피하는 게 좋다. 스포츠나 군대 이미지가 거기에 속한다. 이미 수백만 번도 넘게 사용되어 그 영향력을 상실한 것들이다.

빅아이콘을 이용하는 것은 효과가 높은 전략인데도 실제로 행하는 사업주들은 매우 드문 편이다. 어쩌면 어떤 아이콘을 사용해야 하는지 몰라서 그럴 수도 있고, 또 어쩌면 그런 생각을 아예 해본 적이 없어서 그럴 수도 있다. 하지만 여기까지 온 당신은 이제 변명의 여지가 없다.

자, 당신의 빅아이콘을 무엇으로 정할 것인가.

이렇게 PART 3을 마무리하려 한다. 모쪼록 빅아이디어 패키징으로 단연 돋보이며 잠재고객을 끌어들이는 방법과 관련해 당신에게 필요한 지침들을 발견했기를 바란다. PART 4에서는 당신의 빅아이디어를 파는 방법에 대해 알아보기로 하겠다.

빅 아 이 디 어
셀   링

———

17

마그네틱 마케터

PINK
PENGUIN ™

찾아다니지 말고
찾아오게 하라

다음과 같은 상황을 상상해보자. 어떤 사내가 사무실 문을 노크한다. "안녕하세요. 길 건너편에서 사무실을 운영하는 빌이라고 합니다. 저는 변호사입니다. 혹시 법률적인 도움이 필요하시게 되면 전화주시기 바랍니다. 여기 제 명함입니다."

그 사내가 가고 난 후 당신은 명함을 손에 들고 생각한다. '이 친구 뭐야? 이렇게 사무실마다 찾아다니는 걸 보니 꽤나 궁한가 보군. 실력 있는 변호사는 아니야.' 당신은 한쪽 입꼬리를 올리며 명함을 쓰레기통으로 던진다. 그리고 빌에 대해 다시 떠올리지 않는다.

정말 바보 같지 않은가. 빌 말이다. 찾아다니며 문을 두드리는 변호사에게 일을 의뢰할 사람이 과연 몇이나 될까. 본인이 실력이 없어서 일감이 부족한 변호사임을 광고하는 셈이 아닌가. 변호사를 필요로 하는 사람은 실력이 좋아서 너도나도 찾는 그런 변호사에게 사건을 의뢰하고 싶기 마련이다. 이는 큰 수술을 받는 사람이 아무 의사에게나 자신의 목숨을 맡기고 싶지 않은 심리와 같다. 문을 두드리며 돌아다니는 루저에게 사건을 의뢰하고 싶은 사람은 없다.

이를 생각하면 결국 찾아다니며 문을 두드리는 것은 사람들에게 의도치 않은 인상을 심어주기 십상임을 알 수 있다. 결국 사람들은 뭔가를 팔러 다니는 세일즈맨으로만 여긴다. 성공적이어서 많은 사람들이 찾는 전문가로 보지 않는다. 그럼에도 많은 전문가와 사업가들이 이런 우를 범한다. 거래 관계를 맺기 위해 찾아다니며 문을 두드린다는 얘기다.

여기서 "찾아다니며 문을 두드린다"는 것은 비유적 표현이다. 이는 일방적 전화나 방문, DM이나 이메일 발송, 소개 간청 등을 모두 포함하는 공공연한 세일즈 활동을 말한다.

이러한 기법은 여러 가지 이유로 이제 더 이상 효력이 없다. 첫째, 잠재고객이 세일즈 '대피소'에 몸을 숨기기 때문이다. 전화하거나 찾아오는 세일즈맨에게 지칠 대로 지쳐 지겨운 탓에 아예 반응을 보이지 않거나 피해버린다. 둘째,

세일즈맨은 문을 두드리지만 마그네틱 마케터는 사람들이 찾아오거나 전화하게 만든다.

앞서 언급했듯이 잠재고객에게 잘못된 인상을 심어준다. 변호사 빌처럼 사무실을 노크하며 돌아다니면 잠재고객들은 '얼마나 절박하면 저럴까' 생각한다. 생각이 거기에 미치면 실력이 없어서 그러리라는 결론으로 이어진다.

가장 중요한 것은 잠재고객을 찾아다니면 제품이나 서비스를 팔려고 애쓰는 세일즈맨으로 비친다는 점이다. 신문/잡지 구독이나 회원 가입을 간청하는 세일즈맨과 똑같이 여겨진다는 얘기다. 당신은 전문가다. 방대한 정보와 전문 지식, 경험을 제공할 수 있다. 고객에게 이득을 안겨줄 수 있는 무언가를 가지고 있다. 하지만 문을 두드리면 사람들이 그렇게 보질 않는다. 그냥 '세일즈맨'으로 본다. 최상의 잠재고객들과 의미 있는 만남을 가질 가능성이 멀어지는 것이다.

'세일즈맨'과 '전문가', 이 두 역할은 병행할 수 없다는 것을 깨닫는 것이 중요하다. 양립 가능한 브랜드가 아니다. 둘 중에 하나만 해야 한다. 만약 당신이 '세일즈맨'처럼 행동하면 잠재고객들은 결코 당신을 '전문가'로 볼 수 없게 된다.

이것이 자신에 대한 마케팅을 완전히 다른 방식으로 해야 하는 이유다. 찾아다니는 대신에 찾아오게 해야 한다. 세일즈 피치에만 목매는 세일즈맨이 아니라 자석처럼 잠재고객을 끌어당기는 '마그네틱(magnetic)' 마케터가 되어야 한다. 전통적인 세일즈 기법은 내다버리고 '마그네틱' 마케팅 기법을 이용해야 한다.

마그네틱 마케팅 모델

나는 지금까지 자산관리사, 컨설턴트, 건축가, 개원의, 제조업자, 소매업자, 레스토랑 사업주 등을 망라해 수백에 달하는 전문직 종사자와 중소기업가, 자영업자들에게 '잠재고객이 찾아오게 만드는 방법'을 교육했다. 내가 그들에게 가르친 것은 사람들을 끌어당기고 전문가로서 이미지를 강화하는 간단하지만 색다른 기법들이다. 그들은 내게 배운 기법이 세일즈 기법보다 쉽고 빠르며 비용이 덜 든다고 말한다. 물론 가장 중요한 평가는 훨씬 더 좋은 효과를 보고 있다는 부분이다.

마그네틱 마케팅의 작용 원리를 이해하려면 '세일즈 피치'에 주력하는 세일즈맨과 '마그네틱' 마케터를 비교해볼 필요가 있다.

'세일즈 피치' 세일즈맨은 잠재고객들을 찾아다닌다. 그들은 제품/서비스에 초점을 맞추고 직접적으로 이성적 마인드에 호소한다. 이들은 높은 수준의 매출을 올리지 못한다. 세일즈 '대피소'를 뚫고 들어갈 수 없기 때문이다.

'마그네틱' 마케터는 잠재고객들이 찾아오게 만든다. 그들은 가치에 초점을 맞추고 간접적으로 잠재고객의 감정을 사로잡는다. 이들은 높은 수준의 매출을 올린다. 잠재고객들을 '대피소'에서 제 발로 나오게 만들기 때문이다.

마그네틱 마케터는 강력한 감정적 반응을 일깨우는 여섯 가지 기술을 자유자재로 활용한다. 그 여섯 가지 기술은 다음과 같다.

1. 신비감을 창출한다 — 호기심이 생기게 만드는 것이다.
2. 새롭고 더 나으며 전혀 다른 무언가를 패키징해서 제공한다 — 흥미를 돋게 만드는 것이다.
3. 인기가 많아서 (제품이든 서비스든) 제공할 수 없을지도 모른다는 인상을 준다 — 신뢰감과 두려움을 갖게 만드는 것이다.
4. 가치 있는 무언가를 무료로 이용할 수 있게 한다 — 욕구를 갖게 만드는 것이다.
5. 선택권을 부여한다 — 권한을 갖게 만드는 것이다.
6. 특정 시점까지 확답을 달라고 단호히 요구한다 — 긴급성을 조성하는 것이다.

한 가지가 더 있다. 이 보너스는 PART 4의 마지막 장에서 알려주겠다.
자, 다음 장부터 여섯 가지 기법을 하나하나 자세히 살펴보기로 하자.

18

신비주의 전략

잠재고객의
호기심을 자극하라

"우리가 왜 펭귄을 내세우는지 다들 궁금한 눈치야."

애틀랜타에서 열린 금융서비스 무역박람회에 출품자로 참여했을 때 깨달은 사실이다. 부스를 하나 얻어 신비주의 마케팅을 전략으로 이용하고 있었다. 우리 부스에는 커다란 펭귄 그림과 다음과 같은 문구가 적힌 배너가 걸려 있었다. "당신도 펭귄 프라블럼으로 고생하십니까?"

부스 앞을 지나다니는 사람들은 펭귄 그림을 보고 어떻게 이해해야 할지 몰랐다. 의미를 모르니 당연히 호기심이 일 수밖에 없었다. 그들은 내게 다가와 물었다.

"펭귄 프라블럼이 대체 뭡니까?"

이것이 바로 내가 오랫동안 노리던 기회였다. 그러면 나는 작전대로 대부분의 자산관리사나 펀드 매니저들이 어째서 시장에서 (일단의 펭귄 무리처럼) 다 그렇게 똑같아 보이고, 또 시장에서 돋보이려면 왜 빅아이디어 패키징이 필요한지 찬찬히 설명해주었다.

이 전략은 실로 효과가 좋았다. 부스로 사람들을 끌어들였기 때문이다. 그들은 금융서비스 무역박람회에서 거대한 펭귄을 보리라고 기대하지 않았고, 그래서 눈여겨보지 않을 수 없었다. 이러한 관심은 곧바로 펭귄 얘기가 도대체 뭔지 알아봐야겠다는 호기심으로 이어졌다.

이 신비주의 마케팅 전략이 끝까지 효력을 발휘한 이유는 펭귄으로 인해 잠재고객들의 머릿속에 모종의 '갈고리'가 심어졌기 때문이다. 무역박람회가 끝난 후 나는 그들에게 전화해서 이렇게 말했다. "기억하시죠, 펭귄 사나이?" 그러면 영락없이 이런 대답이 돌아왔다. "아 네, 펭귄 사나이. 기억하고말고요." 중요한 것은 그들이 스토리까지 기억한다는 사실이었다. 그들은 어째서 빅아이디어를 패키징해야 하는지 그 이유까지 기억했다.

펭귄 중심의 이 신비주의 마케팅 테마는 얼마든지 확장시켜 나갈 수 있다는 특징도 지녔다. 나는 그 펭귄 테마를 토대로 강연을 했고 글을 발표했으며 CD

를 제작했고 웨비나●를 열었으며 지금 이렇게 책을 쓰고 있다.

대부분의 홍보가 효과가 없는 이유는 무엇일까.

나는 다음과 같은 이유로 홍보활동 대부분이 효력을 발휘하지 못한다는 사실을 경험을 통해 체득했다.

1. 비연결성이 전무하다

커뮤니케이션 전문가들은 흔히 눈을 마주쳐 가며 명확하게 말해야 청중과 제대로 된 소통이 이뤄진다고 강조한다. 중요한 사항이다. 하지만 시작은 비연결성을 가미해서 하는 게 더 효과적이다. 먼저 주의를 끌어야 한다는 의미다. 당신의 메시지가 너무 직설적이면 두드러질 수도 없고 주의를 끌 수도 없다. 다들 아는 내용을 직설적으로 말하는 광고나 간판 또는 포스터는 주변 환경과 뒤섞여버린다. 하지만 (금융서비스 박람회장의 대형 펭귄처럼) 뭔가 잘 연결이 안 되는, 즉 비연결성이 가미된 무언가를 접하면 우리의 뇌는 동떨어진 두 콘셉트를 연결시키려는 노력을 기울인다.

● webinar 웹(web)과 세미나(seminar)의 합성어로 인터넷을 통해 실시간 쌍방향으로 진행하는 세미나를 말한다.

신비감을 창출하면 잠재고객들이 호기심을 느끼고 다가온다. 제 발로 찾아오는 것이다.

2. 신비감이 없다

대부분의 회사는 잠재고객에게 정확히 무엇을 전하고자 하는지 명료하게 밝힌다. 예를 들면 이런 식이다. "우리는 컴퓨터 회사입니다. 우리가 제조하는 컴퓨터는 온갖 멋진 기능을 다 갖춘 최고의 제품입니다." 훌륭하고 도움이 되기도 하지만 상상력을 자극하지는 못한다. 호기심을 느낄 부분이 전혀 없다는 뜻이다. 이런 정보를 접하면 사람들은 바로 흡수해버리고 다음 볼일로 넘어간다. 하지만 모종의 수수께끼를 가미해놓으면 (예컨대 "당신도 펭귄 프라블럼으로 고생하십니까?"와 같은 식으로) 사람들은 호기심이 동해 그 수수께끼를 풀고 싶어 한다. 그들은 당신에게 다가와 묻는다. "그게 대체 뭡니까?" "여기서 그런 걸 내세우는 이유가 뭐죠?" 그들이 당신의 세계에 발을 들여놓는 것이다.

3. 받쳐주는 스토리가 없다

스토리는 없이 기능과 이득만 강조해 설명하는 경우가 허다하다. 이렇게 사실과 수치를 강조하는 홍보는 잠재고객들에게 지속적인 인상을 남기지 못한다. 한쪽 귀로 듣고 한쪽 귀로 흘려버린다는 얘기다. 반면 (기승전결을 갖추고 교훈이나 도덕을 담은) 흥미로운 스토리를 전하는 홍보는 잠재고객에게 영속적인 인상을 새긴다. 그들은 당신과 당신의 스토리를 기억하고 당신이 전하고자 하는 교훈을 가슴에 새긴다.

4. 실행 방안을 제시하지 않는다

대부분의 홍보가 스토리와 다음 단계의 연결을 소홀히 한다. 사실 이 '실행 방안'이 가장 중요한 것인데 잠재고객의 관심만 유도해놓고 거기서 그치는 경우가 많다. 결과적으로 정보를 받아들인 잠재고객이 그것으로 무엇을 해야 할지 모르는 상황이 펼쳐진다. 이는 고객을 확보하기 위한 그 모든 홍보활동의 효과를 떨어뜨리고 때로는 완전한 시간 낭비, 돈 낭비로 만드는 행태다. 반드시 다음 단계를 명확히 제시해줘야 한다. 우리 회사의 경우 '더 빅아이디어 세팅'이라는 90분짜리 무료 체험 서비스를 제시한다.

이러한 까닭에 우리는 신비주의 마케팅 아이디어를 도출해야 한다. 그 어떤 세일즈 기법보다 신비주의 마케팅 전략이 훨씬 더 효과적이다. 다만 약간의 창의성과 시간을 필요로 할 뿐이다. 독특한 무언가로 돋보이려면 용기도 필요하다. 많은 사람들이 겁내고 피하는 특이한 무언가를 실행할 용기 말이다.

새로움이 관건이다

PINK PENGUIN ™

잠재고객의 흥미를
동하게 하라

만약 당신이 이 책에서 마케팅에 대해 단 한 가지만 배워야 한다면, '새로움'이란 콘셉트를 익히라고 권할 것이다. 더 많은 돈을 벌고 사업을 키우고 싶으면 잠재고객과 고객에게 들려줄 '새로운' 것들을 지속적으로 개발해야 한다. '새로움'의 마케터가 될 필요가 있다는 뜻이다.

대부분의 마케팅 노력이 실패하는 이유는 받쳐주는 콘셉트가 낡았거나 독특하지 않거나 시장에 나온 여느 제품이나 서비스와 별반 다르지 않기 때문이다. 아무리 웹사이트가 멋지고 아무리 브로슈어가 아름다워도 기본적인 아이디어와 메시지가 새롭지 않으면 많은 관심을 받을 수 없고 잠재고객의 흥미를 돈울 수도 없다.

내가 빅아이디어라는 콘셉트를 중심으로 코칭 프로그램을 개발한 이유가 여기에 있다. 모든 마케팅 전략의 수립은 중심 아이디어에 대한 평가로 시작해야 한다. 새로운가? 더 나은가? 다른가? 빅아이디어인가? 그렇지 않다면 빅아이디어를 먼저 내야 한다. 많은 시간과 돈과 에너지를 낭비하고 싶지 않다면 말이다.

또한 빅아이디어도 결국 언젠가는 낡은 아이디어가 된다는 점을 염두에 두어야 한다. '자산관리'라는 것이 빅아이디어였던 시절이 있었다. 미국의 경우 1985년도의 일이다. 사람들은 실로 이 새로운 콘셉트에 열광했다. 하지만 이제 30년이 넘는 세월이 흘렀다. 오늘날 자산관리는 낡은 콘셉트다. 누구도 그것에 대해 흥분하지 않는다. 여전히 유용하지만 흥미롭지는 않다. 팩스, 이메일, 다이어트 프로그램, 뮤추얼 펀드, (부대시설은 물론 스포츠, 레저 활동까지 두루 갖춘) 종합 휴양 리조트, ATM, DIY 등도 마찬가지다. 모두 처음 나왔을 때는 진정 빅아이디어였지만 이제는 사람들을 흥분시키지 못하는 낡은 아이디어다.

따라서 좋든 싫든 우리는 스스로를 계속 재창조해야 한다. 힘든 일처럼 여겨질지 모르지만 사실 이것은 우리의 영혼이 시키는 일이다. 영원히 팔 수 있는 단 하나의 영구적인 아이디어를 갖고 싶을 수도 있겠지만, 곰곰이 생각해보면 그처럼 지루한 일도 없을 것이다. 당신이 한 인간으로서 성장하는 데에도 도움이 안 될 것이다. 그래서 나는 비즈니스를 위한 새로운 빅아이디어를 계속 개발하는 일이 정신 건강을 위해서도 중요하다고 믿는다. 그래야 고객도 만족할 것이고 당신도 행복할 것이다. 그것은 또한 보다 많은 잠재고객을 끌어당기는 자석 같은 역할도 한다.

몇 가지 사례를 살펴보기로 하자.

열린 존재 방식

제이 밀러(Jay Miller)는 성공한 목소리 코치(voice coach)다. 지금까지 수백 명에 달하는 비즈니스 종사자와 배우, 강사들이 목소리를 교정하고 발표를 잘할 수 있도록 도왔다. 나와 처음 만났을 때 제이는 성공가도에 올라 있었지만 자신의 비즈니스로 더 많은 일을 하길 원했다. 자신의 클라이언트들에게 제공할 수 있는 무언가가 더 있을 것으로 느꼈다. 아울러 '목소리 코치'라는 명함을 내밀며 홍보하는 사람들이 늘어가는 추세에 대해서도 염려했다.

그의 비즈니스와 고객의 니즈를 분석하고 전문가로서 제이가 갖는 열망에 대해 논의하는 과정을 거친 후 우리는 제이의 클라이언트들에게 제공할 수 있는 보다 높은 수준의 '최상의 이득'을 도출했다. 세 가지 측면에서 보다 열린 사람이 되도록 돕는 것, 즉 열린 목소리와 열린 몸, 열린 마인드를 갖추도록 돕는 것이 그것이었다. 우리는 이 구르메 콘셉트를 '열린 존재 방식(The Open Being Method)'으로 패키징했다. 제이는 실로 흥분을 감추지 못했다. 새롭고 더 나으며 전혀 다른 무엇이었기 때문이다. 잠재고객들이 큰 관심을 가질 게 분명했다. 이와 비슷한 어떤 것도 들어본 적 없을 테니 말이다.

'열린 존재 방식'이 멋진 또 하나의 이유는 제이에게 많은 생각거리를 제공한다는 점이다. 새로운 콘셉트가 생긴 제이는 사람들의 목소리와 몸, 마인드를 열게 하는 최상의 방안을 놓고 많은 생각을 할 수 있다. 이러한 지적 탐구의 여정은 향후 수년 동안 그의 마인드를 생동감 있고 창의적이며 집중력을 갖게 만들 것이다. 이는 중요한 요점이다. 낡은 아이디어라는 것은 이미 그 지적 탐구의 여정이 다 끝났다는 의미다. 해당 주제의 99퍼센트는 파악된 셈이다. 물론 더 배울 건 언제나 있는 법이지만 나머지 1퍼센트를 신나게 파고들 사람은 거의 없다. 그러나 새로운 빅아이디어는 지적 탐구와 창의적 탐험의 수많은 신천지를 약속한다. 당신의 마인드를 날카롭게 생동하도록 만드는 것이다.

레벨 쓰리 프로그램

장뤼크 라베르뉴(Jean-Luc Lavergne)는 라베르뉴인더스트리스(Lavergne Industries)의 창업자 겸 대표다. 그의 회사는 프린트 카트리지 같은 플라스틱 제품을 제조하는 OEM* 기업과 주형 제조사에 수지와 화합물 등의 원재료를 공급한다. 그리고 그런 수지와 화합물은 재활용 폐기물을 이용해 만든다. 우리를 찾아왔을 때 장뤼크는 경쟁업체와 차별화를 이루고 잠재고객들의 관심을 끌 수 있는 빅아이디어를 원했다. 그는 또한 고객이 느끼는 회사의 이미지를 수지 판매업자에서 전문적 조언과 서비스의 제공자로 격상시키고 싶어 했다.

우리는 그의 팀과 협업하며 '레벨 쓰리 프로그램(Level Three Program)'이라는 빅아이디어를 만들어냈다. OEM 기업들이 보다 환경 친화적인 제조공정을 개발하도록 돕는 컨설팅 및 인증 프로세스다. 클라이언트가 이 프로세스를 밟아나가면 장뤼크의 회사에서 그 성취도에 따라 레벨 원, 레벨 투, 레벨 쓰리의 세 단계로 인증을 해준다. 클라이언트는 그러면 ISO 9000과 유사한 이 인증을 마케팅에 활용할 수 있다.

● **Original Equipment Manufacturing** 주문자 상표 부착 제품 생산.

잠재고객들은 새롭고 더 나으며 전혀 다른 무언가에 대한 이야기를 들을 때만 흥미를 느낀다.

장뤼크와 그의 세일즈맨들은 이 콘셉트에 열광했다. 새롭고 더 나으며 전혀 달랐기 때문이다. 이제 경쟁업체들이 수지에 대해 말하는 동안, 장뤼크와 그의 팀은 완전한 변혁에 대해 개진할 수 있었다. 장뤼크가 더 이상 수지를 판매하지 않는다는 뜻이 아니다. 다만 수지 판매라는 낡은 아이디어에서 벗어나 새로운 빅아이디어로 잠재고객들을 끌어들이는 데 집중한다는 뜻이다. 그렇게 클라이언트를 확보하면 수지는 저절로 팔린다.

파트너를 죽이지 말자

릭 바우먼(Rick Bauman)은 주로 보험 중개인과 그의 팀을 대상으로 코칭을 제공하는 사업을 한다. 20년 경력의 그는 모든 것의 수준을 한층 높여 자사를 시장에서 독보적인 코칭 기관으로 포지셔닝할 수 있는 빅아이디어를 찾고 있었다. 우리와의 협업을 통해 그가 도출한 프로그램은 '파트너를 죽이지 말자(Don't Kill Your Partner)'다.

서로 목적과 뜻이 맞아 출발한 수많은 동업 및 제휴 관계가 얼마 지나지 않아 기능부전에 시달린다. 파트너들이 같은 비전을 공유하지도 않고 제 역할을 하지도 않으며 유의미하게 의사소통이 이뤄지지도 않는 상황이 전개된다는 얘기다. 결과적으로 조직이나 팀이 갈피를 못 잡고 허둥대거나 진창에 빠져 허우적거리게 되고…… 서로를 '죽이고' 싶을 지경으로까지 치닫는다.

릭이 마련한 프로그램은 바로 이러한 문제를 해결해주는 빅아이디어다. 릭의 회사 소속 코치들은 의사소통과 화합의 장을 마련해 클라이언트와 그의 파트너들이 진솔하고 의미 있는 대화를 나누도록 코칭한다. 공유할 만한 비전을 개발하고 각각 적절한 역할을 수행하며 서로 화합하는 팀을 구축하도록 돕는 것이다.

릭이 이 빅아이디어에 열광하는 이유는 세 가지다. 첫째, 오랜 세월 쌓은 자신의 전문 경험을 통합해서 발전시킬 수 있는 흥미로운 프로그램이기 때문이다. 둘째, 그의 업계에서 이제껏 본 적이 없는 새로운 것이기 때문이다. 셋째, 그런 마음은 들지언정 실제로 파트너를 죽이고 싶지 않은 많은 비즈니스 종사자들의 관심을 사로잡을 수 있기 때문이다.

지금까지 확인했듯이 새로운 빅아이디어를 갖는 것은 실로 대단한 유익을 안겨준다. 당신의 비즈니스를 다시금 신나게 펼쳐나가며 잠재고객들을 끌어들이게 된다. 당연히 수익성도 높아진다. 업계의 가련한 펭귄들과는 차원이 다른 위상을 갖게 된다. 낡은 아이디어에 더 이상 집착하지 말고 새로운 빅아이디어를 도출하라. 새로움이 관건이다.

20

인기와 희소성

잠재고객에게 안전감은 물론
두려움까지 갖게 하라

사람들이 무엇보다 원하는 두 가지가 있다. 첫째는 모두가 갖고 싶어 하는 어떤 것, 즉 인기 있는 무엇이고, 둘째는 갖지 못하게 될 수도 있는 어떤 것, 즉 희귀한 무엇이다.

사람들은 인기가 있다는 단순한 사실만으로 인기 있는 어떤 것에 끌린다. 본인만 놓치거나 본인만 소외되고 싶지 않기 때문이다. 내집단˚에 속하고 싶고 안전한 느낌으로 안심하고 싶어서다.

● in-group 조직이나 사회 내부의 배타적인 소규모 집단.

또한 사람들은 갖지 못하게 될 수도 있다는 두려움이 들면 갖고 싶어진다. 무언가가 곧 소진될 것으로 보이면 조바심이 나서 서둘러 부여잡으려 한다. 실제로 원하는 것인지 확신이 없는 경우에도 그렇게 한다. 일단 손에 넣은 다음에 자세한 것을 따져보는 게 안전하다고 느끼기 때문이다.

성공적인 마케터가 되려면 인기와 희소성이라는 이 두 가지 콘셉트를 중심으로 마인드를 움직여야 한다. 잠재고객이나 고객에게 안전감과 두려움을 동시에 느끼게 만들어야 한다는 뜻이다.

전작 『로브스터를 파는 법』에서 '줄 세우기' 전략을 소개한 바 있다. 새로 문을 연 레스토랑의 사업 성공을 위해 인기 있고 희소성이 있게 보이도록 조처한 사례다.

우리는 먼저(인기 있는 곳이라는 인상을 주기 위해서) 무료 음식과 음료를 제공함으로써 레스토랑을 사람들로 채웠다. 그런 다음(희소성을 느끼도록) 뒤이어 오는 사람들은 일정 시간 밖에 줄을 서서 기다리게 했다. 예상대로 사람들은 길게 늘어섰다. 인기 있는 무언가에 합류하는 게 안전하다고 느끼면서 안에 들어가지 못하게 될지도 모른다는 걱정까지 들었기 때문이다.

이것은 조작 행위가 아니냐고 반문할지도 모르겠다. 맞다. 조작이다. 하지만 나는 나쁘다고 생각하지 않는다. 나의 클라이언트는 장사가 안 되면 가게 문을 닫아야 한다. 무언가를 해야 할 필요가 있는데, 그 무언가를 하지 않으면 망한다는 얘기다. 우리는 펌프로 물을 올릴 때처럼 마중물을 부어줘야 할 필요를 느꼈다. 그래서 인기와 희소성의 분위기를 조성한 것이다. 당신도 사업에서 망하고 싶지 않으면 이와 똑같이 해야 한다.

이러한 기법은 잠재고객의 마인드에 신뢰감과 긴급성까지 심어준다. 사람들은 무언가가 인기 있어 보이면 더 많은 신뢰를 부여하기 마련이다. 좋은 거니까 인기가 있을 것으로 짐작하기 때문이다. 또 무언가가 곧 동이 나거나 사라질 위험이 있는 것으로 보이면 잠재고객은 빨리 결정을 내릴 필요가 있다는 시급성을 느낀다.

안전감과 두려움은 손에 손을 잡고 나란히 움직인다. 사람은 모험과 기회보다는 안전감과 두려움 해소에 더 조바심을 내고 매달린다. 안전감에 집착하는 인간의 본능은 그 기원이 필시 수렵채집 시대까지 거슬러 올라갈 것이다. 그 시절 인류는 생존을 위해 항상 눈과 귀를 쫑긋 세우고 위험에 대한 경계를 늦추지 않았다. 다른 무엇보다 안전을 최우선시할 수밖에 없었다. 거대한 몸집의 버펄로를 사냥하러 나서는 모험은 종종 개선가가 아니라 눈물로 끝나곤 했다.

그래서 우리 대부분은 안전감과 두려움 해소에 집착한다. 이는 곧 인기 있는 무언가를 택하는 게 더 안전하고, 갖지 못하게 될지 모를까 봐 걱정되는 무언가

줄 서는 환경을 조성하면 인기 있고 희소하다는 인상을 풍길 수 있다. 잠재고객에게 안전감과 함께 두려움까지 갖게 하는 기법이다.

는 당장 부여잡는 게 낫다고 믿는 것이다.

이러한 까닭에 우리는 지금 당장 빅아이디어를 인기 있고 희소하게 보이도록 만들어야만 한다. 당신의 빅아이디어는 많은 사람들이 이용하고 있는 것으로 잠재고객의 눈에 비쳐야 하고 그 공급이 제한되어 있는 것으로 인식되어야 한다.

이것이 내가 빅아이디어 어드벤처 프로그램을 개시할 때 20명의 클라이언트에게 무료 서비스로 제공한 이유다. 나의 프로그램이 인기가 높아 이미 많은 회원들이 애용하고 있다는 인상을 풍겨야 했던 것이다. 이런 식의 분위기 조성은 효과를 거두었고, 이후 지금까지 수백 명에 달하는 클라이언트들이 이 프로그램을 거쳐갔다. 내가 처음에 그런 식으로 마중물을 붓지 않았더라면 이 프로그램은 조기 사망에 이르렀을지도 모른다.

나는 또한 항상 나의 시간에 희소성을 부여하는 일에 주의를 기울인다. 실제로 내가 코칭에 할애할 수 있는 시간대는 제한되어 있다. 아울러 클라이언트나 잠재고객의 전화를 직접 받지도 않는다. 비서를 통해 약속을 잡아야 나와 대화를 나눌 수 있다. 이렇게 접촉 기회를 제한함으로써 희소성을 부여하니까 사람들은 나를 더욱더 만나고 싶어 한다.

그래서 나는 일부 사업주들이 애용하는 24/7° 서비스 정책에 매달리지 않는다. 그들은 약속한다. "주야, 휴일 가릴 것 없이 언제든 전화하셔도 됩니다. 언제, 어느 때 전화하셔도 서비스를 받을 수 있습니다." 흠, 당신은 어떨지 몰라도 나는 이런 종류의 삶은 살고 싶지 않다. 어쨌든 가장 중요한 것은 24/7 접촉 기회가 당신을 너무 손쉽게 이용할 수 있는 대상으로 만든다는 사실이다. 결과적으로 클라이언트가 당신의 시간을 그다지 가치 있게 여기지도, 존중하지도 않게 된다. (물론 어떤 사업은 24/7 서비스를 제공할 필요가 있다. 그럴 필요가 없는 많은 회사나 사업주들이 이미지만 손상되는 줄도 모르고 그렇게 하는 게 문제다.)

결론은 두 가지를 확실하게 하라는 것이다. 제품이나 서비스가 인기 있다는 인상을 창출하라. 몇몇 고객에게 무료로 제공해서 그것이 인기리에 이용되고 있는 것으로 보이게 만들면 된다. 두 번째로, 당신 자신이나 제품/서비스를 너무 손쉽게 이용할 수 있도록 만들지 마라. 접촉 기회에 제한을 두면 된다. 접촉을 하려면 약속부터 잡아야 하게끔 만들면 된다. 당신이 제공하는 제품이나 서비스의 공급이 달릴지도 모른다는 느낌을 갖게 하면 된다. 그렇게 하면 잠재고객은 더욱 원하게 된다.

● '일주일 7일, 하루 24시간 내내', '연중무휴의', '항시 대기하고 있는'.

인기와 희소성, 안전과 두려움, 신뢰와 시급성. 이와 같은 감정 촉발 요소들이 바로 마그네틱 마케터의 무기다.

21

공짜 가치 전략

잠재고객을 '대피소'에서
나오게 만들어라

빅아이디어가 상자에 포장된 초콜릿이라고 치자.

'세일즈 피치' 세일즈맨은 상자를 치켜들고 안에 든 초콜릿의 장점을 설명하는 데 열을 올릴 것이다. 벨기에산 다크초콜릿이라며 먹어본 사람들의 증언을 내세울 것이다. "다들 맛도 좋고 효능도 좋다고 말합니다." 이러한 접근방식을 쓴다고 판매가 안 되는 것은 아니다. 다만 파는 양에 비해 너무 많은 시간과 노력이 들어갈 뿐이다.

'마그네틱' 마케터는 다르게 움직인다. 초콜릿을 한 개씩 맛보게 한다. 사람들이 몰려든다. 모두들 한 개씩 맛보고 싶어 한다. 맛을 본 사람들은 사고 싶

가치 있는 무언가를 공짜로 제공하면 잠재고객이 그에 대한 욕구를 느끼고 '대피소' 밖으로 나온다.

은 충동을 느낀다. 간단하다.

이것이 빅아이디어의 일부를 무료로 제공해야 하는 이유다. 전부가 아니라 단 일부만 말이다. 말로만 떠들지 말고 무료 샘플을 제공하라. 당신의 빅아이디어가 얼마나 훌륭한지 직접 체험하게 하라. 그래야 잠재고객의 강렬한 욕구를 일깨울 수 있다.

어떤 사람들은 이 콘셉트를 못마땅해한다. 무언가를 공짜로 주라는 말에 발끈 성을 내기도 한다. "돈이 너무 들잖아요." 효과도 없는 세일즈 기법에 얼마나 많은 돈을 쓰는지는 잊어버리고 이렇게 말한다. "그런 식으로 후하게 나가면 그걸 이용해먹는 사람들이 생기잖아요." 그런 너그러움이 수백 배나 많은 잠재고객을 끌어들인다는 사실은 잊고 이렇게 말한다.

당신이 무료로 제공하는 가치는 어차피 당신이 이미 하고 있거나 만들고 있는 무언가다. 조금 더 하거나 더 만들어서 공짜로 주면 된다. 이미 많은 아이디어와 전략이 있다면 공짜로 몇 개만 나눠줘라. 그러면 사람들은 더 원하게 된다.

최근에 만난 한 남자는 어떤 것이든 공짜로 주지는 않는다고 말했다. 그는 오직 계약을 맺은 클라이언트에게만 자신의 아이디어와 조언을 제공한다고 했다. 나는 그의 아이디어와 조언이 훌륭한지 어쩐지 알 방도가 없었다. 아무것도 주지 않으니 말이다. 결과적으로 나는 그가 파는 것을 사지 않았다. 아무런 욕구도 느낄 수 없었기 때문이다.

인색하고 쩨쩨하고 폐쇄적이고 감추는 게 많다. '세일즈 피치' 세일즈맨의 특성을 말하는 것이다. 이런 사람들은 절대로 매출을 많이 올리지 못한다. 혹시 지금까지 그래왔다면 방법을 바꿔야 한다. 후하게 나가라. 개방적인 태도를 취하라. 돈을 써가며 돈을 벌 생각을 하라. 그러면 보다 많은 잠재고객을 만나 보다 많은 매출을 올릴 것이다.

무한정 후하게 나가라는 의미는 아니다. 공짜로 제공하는 가치에는 한도나 종결 시점을 확정해주어야 한다. 일정 부분이나 특정 시점까지만 무료라는 게 요점이다. 그 한도나 시점에 이르면 잠재고객에게 결정을 내리게 해야 한다. (이 부분에 대해서는 뒤에서 좀 더 자세히 다룬다.)

이것이 우리 회사가 취하는 접근방법이다. 우리는 '빅아이디어 세팅'이라는 90분짜리 코칭 프로그램을 무료로 제공한다. 이렇게 공짜로 제공하는 가치를 통해 우리는 사람들로 하여금 빅아이디어를 내고 엘리베이터 스피치를 패키징하고 새로운 마케팅 전략을 개발하도록 돕는다. 이 모든 게 무료지만 실로 가치 있는 시간이다. 다른 회사 같으면 이런 서비스에 5,000달러 정도를 부과하겠지만 우리는 공짜로 해준다. 많은 잠재고객을 끌어들이기 위해서다. 하지만 모두에게 제공하지는 않는다. 프로그램의 대상을 신중히 선별한다는 의미다.

그리고 가장 중요한 것은 이 시간이 끝나면 잠재고객이 결정을 내려야 한다는 사실이다. "예스"냐 "노"냐? "글쎄요"는 없다. 내 사전에 "글쎄요"는 없다. 만약 "노"라고 답하면 가치 제공은 끝난다. 깨끗하고 간단하다. 만약 "예스"라고 답하면 가치 제공이 계속된다.

대부분의 '세일즈 피치' 세일즈맨은 이렇게 하지 않는다. 판매가 이뤄지기 전까지는 아무런 가치를 제공하지 않기 때문에 잠재고객이 돈을 내고 그만한 가치를 얻을 수 있다는 확신이 들 때까지 세일즈 프로세스가 무한정 계속될 수밖에 없다. 이것이 공짜 가치 전략을 무시하는 사람들이 겪게 되는 아이러니다. 아무것도 주지 않으려다가 시간이 질질 끌리는 바람에 결국은 훨씬 더 많은 가치를 소비하게 되는 것이다.

나는 이를 '태만한 세일즈'라고 칭한다. 자신이 하는 일을 패키징하거나 가치 있는 패키지를 무료로 제공하는 데 시간과 노력을 들이지 않는 태만함을 보이기 때문이다. 또 빠른 결정을 요구하지 않는 태만함을 보이기 때문이다. 진실이 드러나는 순간을 미루는 행태에 다름 아니다.

우리 회사는 프로그램에 참여하는 클라이언트에게 신용카드로 선불 결제할 것을 요구한다. 우리 업계에서는 전례가 없는 방식이다. 다른 마케터들은 우리가 제공하는 것과 같은 서비스에 선불을 내려는 사람은 없을 것으로 믿는다.

그렇지만 우리는 지난 10년간 수백 명의 클라이언트와 거래 관계를 맺었고, 그들이 선불로 결제한 횟수를 다 합하면 6,000회가 넘는다.

우리의 방식이 통하는 이유는, 우리가 빅아이디어를 패키징해서 우리 일의 전체 가치를 명확하게 예시하는 엄청난 가치의 서비스를 무료로 제공하기 때문이다. 그래서 우리의 잠재고객들이 기꺼이 선불로 결제하는 것이다.

우리는 클라이언트들에게도 이와 같은 방식을 도입하라고 가르친다. 그들의 빅아이디어를 패키징하고 가치 있는 무언가를 공짜로 제공하도록 돕는 것이다. 그들 중 일부는 우리처럼 90분 무료 코칭 서비스를 도입했고, 또 일부는 소프트웨어나 책, 심지어 온천 여행까지 무료로 제공하고 있다. 그들이 이렇게 하는 이유는 더 쉽고 더 효과적이기 때문이다. 전보다 훨씬 더 많은 잠재고객이 찾아오기 때문이다.

끝으로 덧붙이건대, 가치 있는 무언가를 무료로 제공하면 무리에서 단연 돋보일 수 있다. 당신이 속한 업계의 펭귄들 대부분은 '세일즈 피치' 세일즈맨이다. 그 어떤 가치도 무료로 제공하지 않는다. 단지 찾아다니며 세일즈 피치에만 열을 올릴 뿐이다. 따라서 공짜 가치를 제공하면 즉시 다른 존재로 두드러질 수 있다. 잠재고객의 눈에 더 이상 펭귄으로 비치지 않게 된다.

자, 당신은 무엇을 공짜 가치로 제공할 수 있는가.

선택권 부여

세 가지 박스 전략을
개발하라

어느 날 아침, 눈을 뜨자마자 모종의 특이한 이유로 보체* 공을 사야겠다는 결심이 섰다. 무조건 그 공이 있어야 했다. 대략 30달러쯤 할 것으로 예상되었다. 그저 야구공보다 조금 큰 공이 몇 개 들어간 세트일 뿐인데 비싸봤자 얼마나 비싸겠냐는 생각도 들었다.

매장에 가보니 보체 공이 있긴 한데 세 종류였다. 30달러짜리 아동용 보체 공과 60달러짜리 성인용 패키지, 그리고 120달러짜리 토너먼트 세트가 있었다.

● Bocce 목표 지점 가까이에 공을 굴려 점수를 얻는 경기.

그런 선택권을 갖게 되리라고는 전혀 예상치 못했다. 권한을 부여받은 느낌이 들었다. 잠시 살펴본 후 나는 60달러짜리 성인용 패키지를 골랐다.

집에 돌아와 아내에게 보체 공을 샀다면서(아내는 매우 좋아했다), 자초지종을 들려준 후 60달러밖에 쓰지 않았으니 잘 산 셈이라고 덧붙였다. 아내는 30달러를 쓰러 나갔다가 60달러를 써놓고 뭐가 잘 산 거냐고 받아쳤다. 그것은 실제 가격을 모르고 내린 추정이었을 뿐인 데다가 어쨌든 120달러를 쓰지는 않았지 않느냐고 응수했다. 아내는 그래도 납득하지 못하는 눈치였지만 나는 내 논리가 타당하다고 생각했다. 나 자신의 요령 있는 소비 행태에 흡족한 기분까지 들었다.

이것이 내가 『로브스터를 파는 법』에서 소개한 바 있는 '세 가지 박스' 기법의 원리다. 잠재고객들에게 세 가지 선택안을 주면 대부분 중간 것을 고르는 경향을 보인다. 거기에 대개 가장 많은 사람들이 택하는 것임을 의미하는 '표준'이라는 이름이 붙기 때문이다. 이를 활용하면 잠재고객에게 선택권이 있다는 느낌을 갖게 하는 동시에 더 비싼 패키지를 구매하도록 유도할 수 있다. 빅 아이디어를 세 가지 박스로 패키징하면 더 많이 팔 수 있을 뿐 아니라 더 비싼 것을 팔기도 쉬워진다는 얘기다. 보너스로, 가격이 너무 비싸다고 불평하는 사람도 없게 된다.

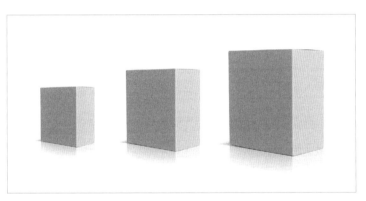

세 가지 선택안을 주면 '대·중·소' 또는 '특·보통·염가' 또는 '슈퍼·표준·기본' 고객들은 선택권이
있다고 느끼고 더 많이 구매하게 된다.

전형적인 펭귄은 오직 한 가지 선택안만 제시한다. 이는 순전히 살 것이냐 말 것이냐만 결정하라는 요구에 다름 아니다. 이 경우 (반드시 필요한 무엇이며 여기 서밖에 살 수 없는 게 아니라면) 대부분의 사람들은 사지 않는 쪽으로 결정을 내린다. 그게 더 안전하다고 느끼기 때문이다. 그러나 세 가지 선택안을 제시하면 사람들은 대개 다른 두 가지는 거부하더라도 한 가지, 즉 남들이 가장 많이 선택하는 것으로 여겨지는 '중/보통/표준' 중에 하나를 받아들이는 마음을 가질 수 있다.

이렇게 선택권을 부여하는 것은 잠재고객에게 초점을 맞추는 동시에 비난에서도 벗어나는 기법이다. 선택권을 주면 잠재고객은 가격이 너무 비싸다고 생각하거나 흥정을 하려는 대신 자신이 어떤 종류의 사람인지 결정해야 한다. 스스로 기본과 표준, 슈퍼 중 어느 것에 어울리는 사람인지, 혹은 어떤 종류의 자아상을 갖고 싶은지 결정해야 한다는 뜻이다. 결정 권한과 책임, 모두 고객의 몫이다.

대부분의 경우 나는 클라이언트에게 다음과 같이 하도록 권유한다.

1) 기존의 패스트푸드형 제품이나 서비스를 기본 선택안으로 삼는다.
2) 새로운 구르메형 빅아이디어를 중간의 표준 선택안으로 설정한다.

3) 빅아이디어를 한층 고급화하거나 터무니없을 정도의 수준으로 높여 슈
퍼 선택안으로 제시한다.

당연히 슈퍼 선택안은 아무나 구매하지 않는다. 구매자가 나서면 보너스가 생기는 것으로 여기면 된다. 슈퍼 선택안을 만들어놓는 진정한 이유는 당신의 새로운 빅아이디어를 중간에 위치시켜 거기로 사람들이 몰리게 만들기 위해서임을 기억하라.

나는 이 전략을 사랑한다. 사람들이 진정으로 필요한 것에 합당한 돈을 쓰도록 돕기 때문이다. 푼돈을 아끼면서 큰돈을 잃는 어리석은 행태에서 벗어나게 해준다. 우리는 종종 사람들 대부분이 가능한 한 최소한의 돈을 소비하려한다고 생각한다. 그게 사실이라면 우리는 대부분 가장 싼 차를 몰고 가장 싼 옷을 입어야 마땅하다.

우리는 또한 가격을 올리는 것을 두려워한다. 매출이 떨어지거나 거래 관계가 끊길까 봐 걱정하는 것이다. 한 가지 선택안만 고집하면서 가격을 너무 많이 올리면 그런 우려가 현실이 될 수 있다. 그러나 세 가지 선택안이 있으면 얘기가 달라진다. 저렴한 선택안 하나에 그보다 비싼 선택안을 두 가지나 제시하는 것이기에 고객이 늘면 늘었지 줄어들 이유가 없다. 앞서 확인했듯이 고객이

언제까지건 가장 싼 것만 선택하지도 않는다. 사실 평균적으로 사람들은 무언가를 구매해야 하는 경우 열에 여섯 번은 중간 것을 고른다.

'세 가지 박스' 전략은 두 가지 면에서 특히 훌륭하다. 우선 당신에게 돈을 더 많이 벌게 해준다. 하지만 그보다 중요한 것은 더 많은 돈을 내는 고객을 당신이 더 많이 돕게 해준다는 점이다. 당신은 그런 고객에게 시간을 더 많이 쓰거나 그런 고객을 위해 보다 나은 자원을 보다 많이 도입할 수 있다.

그런 모든 것이 진정으로 고객이 원하는 결과를 얻는 데 도움이 되지 않겠는가.

서둘러 세 가지 박스 선택안을 도입하라. 모두가 이득을 얻을 수 있다.

23

'글쎄요 세상'은 이제 그만

PINK
PENGUIN™

긴급성을
조성하라

당신 역시 '글쎄요 세상'을 살아가는 게 지겹고 신물이 나지 않는가? 잠재고객이 "글쎄요"만 연발하는 상황 말이다. 생각을 좀 더 해보겠다는 뜻으로 그런 말을 하지만, 당신은 어떤 결론이 나올지 짐작이 된다. 99퍼센트의 경우 그들은 절대 돌아오지 않는다. 그들의 "글쎄요"는 사실은 "노"다. 다만 정중하게 에둘러 말하는 것뿐이다.

그래서 내가 무료 프로그램의 말미에 "예스" 또는 "노"를 명확하게 밝히도록 잠재고객에게 요구하는 것이다. 나는 "글쎄요"에는 관심이 없다. "글쎄요"라는 답이 나오면 나는 "노"라고 여기고 다른 잠재고객에게로 넘어간다. 그러는 이유는 '희망 가방'을 메고 다니고 싶지 않아서다. 언젠간 "예스"로 바뀌길 희망하는, 잠재고객들의 "글쎄요"로 가득 찬 가방 말이다.

많은 펭귄들이 희망 가방을 둘러메고 '글쎄요 세상'을 살아가고 있다. 이들은 적극적으로 마케팅 활동을 벌이지도 않는다. 매출이 나올 것으로 기대되는 희망 가방이 빵빵하기 때문이다. 하지만 그런 일은 결코 일어나지 않는다. 그들은 그저 착각에 빠져 있는 것이다.

나는 "글쎄요"라는 사치를 거부한다. "예스" 아니면 "노"를 요구한다. "글쎄요"가 나오면 바로 관심을 다른 데로 돌리고 마케팅 노력을 배가한다. 더 많은 잠재고객을 찾기 시작한다. 계속 더 많은 "예스"를 찾는다. "노"는 개의치 않는다. 적어도 솔직하고 명확한 거니까. "글쎄요"는 정말 짜증난다. 그래서 참고 받아들이지 않는다. 당신도 나와 같이 하도록 권고한다.

도움이 되는 또 다른 비유가 있다. 빨간불과 파란불이다. 나는 항상 파란불을 찾는다. 내가 하는 일을 완전히 믿는 사람들 말이다. 나는 또한 빨간불의 첫 신호를 놓치지 않기 위해 경계한다. 빨간불이 켜졌다 싶으면 바로 발을 빼고 다른 볼일로 옮겨간다. 빨간불에 단 1초도 허비하지 않는다. 노란불도 마찬가지다. 노란불은 내게 빨간불과 같다.

너무나 많은 펭귄들이 빨간불 앞에 서서 세월을 허비한다. 그들은 잠재고객

희망 가방을 메고 다니지 말라. 잠재고객에게 "예스" 아니면 "노"를 밝히라고 단호히 요구함으로써 긴급성을 조성하라.

에게 구매하도록 확신시키기 위해 정말 열심히 노력을 기울인다. 잠재고객이 저항하면 할수록 그 저항을 극복하기 위해 더욱 많은 노력을 기울인다. 노력은 가상하지만, 그러면서 모든 파란불을 놓치는 게 문제다. 이것이 대부분의 펭귄이 매출을 많이 올리지 못하는 이유다.

빨간불 앞에 선 펭귄이 되지 말라. 나 자신에게 기회를 부여하라. 공짜 가치를 제공하기 전에 그것이 끝나면 "예스" 아니면 "노"를 명백히 밝힌다는 사전 약속을 받아내라. 약속하지 않는 사람에게는 공짜 가치를 제공하지 마라.

이 전략은 긴급성을 조성하기 때문에 효과가 좋다. 특정 시점까지 결심해야 한다는 점을 알면 잠재고객은 진행되는 일에 더욱 관심을 기울이기 마련이다. 당신이 빠른 결정을 요구하며 구매를 권하기 때문에 잠재고객은 긴급성을 느끼지 않을 수 없다. 지금 아니면 영원히 기회가 없다. 기차가 역을 떠나고 있다. 올라타려면 지금 결정해야 한다. 자칫하면 플랫폼에 홀로 남겨지는 것이다.

희망 가방을 내려놓고 '글쎄요 세상'을 벗어나는 일에는 배짱이 필요하다. 성공 또는 실패와 확실히 마주하기 위해 희망이라는 그릇된 위안을 포기해야 하기 때문이다. 겁나는 일이다.

그러나 '글쎄요 세상'을 벗어나기만 하면 우리는 "예스 아니면 노" 세상이 더 행복하고 가장 번영하는 곳임을 곧 깨닫게 된다. 이제 더 이상 감정적 롤러코

스터를 타지 않아도 된다. 훨씬 더 현실감을 유지하며 권한을 가진 느낌까지 맛볼 수 있다. 당신이 칼자루를 쥐기 때문이다.

이것이 빅아이디어 패키징의 가치다. 패키징이 좋을수록 잠재고객이 "예스"라고 답할 가능성이 높아진다. 구매하는 것에 대해 확신이 생기는데 "글쎄요"라고 말할 이유가 있겠는가.

만약 모든 사람이 모든 거래에 대해 "예스"나 "노"를 확실히 요구하고 분명히 답하는 데 능숙하다면 어떻게 될까. 우리의 경제에 어떤 영향을 미칠까. 우리의 사회는 또 어떻게 될까. 지금 우리의 경제와 사회가 "글쎄요"로 인해 얼마나 많은 지체와 정체에 시달리는지 생각해보면 쉽게 그 답을 알 수 있다.

인생은 '글쎄요 세상'에서 살기엔 너무 짧다. 희망 가방을 내려놓고 현금 가방을 들어라.

24

선의의 길

PINK
PENGUIN™

윤리 명령을
준수하라

지옥으로 가는 길은 선의로 포장되어 있다는 말이 있다. 나는 이 말에 동의하지 않는다. 나는 오늘날의 경제에서 성공하기 위해 필요한 가장 중요한 것이 선의라고 믿는다. 선의는 또한 마그네틱 마케터의 주된 동기 요소다.

어쩌면 당신은 PART 4에서 제안한 기법 중 몇몇이 다소 정도에서 벗어났다고 생각할지도 모른다. 예를 들면 어떤 사람들은 '줄 세우기' 전략에 윤리적 문제가 있다고 판단한다. 무슨 얘긴지 안다. 그러나 나는 그 모든 것에서 고려해야 할 가장 중요한 것이 의도라고 생각한다. 당신의 기본적인 의도는 무엇인가. 진정 사람들을 도우려 노력하는 것인가. 아니면 그저 사람들에게 그것이 필요하든 필요하지 않든 상관없이 무언가를 팔려고만 애쓰는 것인가. 나쁜 의도를 가진 회사들이 어떤 혼돈을 야기하는지 우리는 확실히 목격했다. 몰락으로 가는 길은 그리고 때로 감옥으로 가는 길은, 사실은 나쁜 의도로 포장되어 있다는 교훈을 우리는 그렇게 배웠다.

따라서 의도를 명확히 해야 한다. 스스로 몇 가지 어려운 질문을 던져보라. 자기 탐구의 시간을 가져라. 당신의 의도는 선한 쪽인가 아니면 나쁜 쪽인가.

다소 파격적으로 들릴지도 모르지만 이는 그 무엇보다도 중요한 사안이다. 우리는 갈수록 투명해지는 세상에 살고 있다. 나쁜 비즈니스 관행을 이용하며 무사히 넘어가기가 갈수록 어려워진다는 뜻이다. 인터넷으로 소문이 급속히 퍼지기 때문이다. 실로 평생을 걸려 쌓은 평판이 단 몇 분 만에 무너져 내릴 수도 있다. 일단 무너지면 다시 쌓는 것 또한 힘들다.

그래서 내가 윤리 명령을 준수해야 한다고 강조하는 것이다. 윤리적으로 좋은 의도를 가져야 한다는 명령이다. 그렇지 않으면 성공은 아득히 먼 일이 된다. 설령 어찌어찌 성공한다 해도 지속성을 가질 수 없다.

이것이 내가 이 책과 『로브스터 파는 법』에 소개한 마그네틱 마케팅 기법들이 그토록 중요하다고 믿는 이유다. 다소 색다른 것도 있고 인습적이지 않은 것도 있지만 좋은 의도를 갖고 좋은 목적을 위해 쓴다면 아무 문제 될 게 없다는 판단이다. 이 경우 목적이 수단을 정당화하는 셈이다.

나는 또한 재밌게 일을 하는 것이 중요하다고 믿는다. 펭귄들 대부분은 너무 진지하다. 진지한 태도는 창의성을 질식시키고 심각한 표정을 갖게 만든다. 진지하고 심각한 표정은 사람들의 기분을 좋아지게 만들지 못하고 우리의 마인드를 새로운 가능성을 향해 열어주지도 않는다. 재미있게 가는 게 낫다. 사람은 재미를 느끼면 더욱 창의적이 되고 개방적이 된다. 일도 더 잘 진행되고 더 잘 완수된다.

좋은 의도와 재미, 잊지 말자.

벗 어 날   방 도 는
분 명 히   있 다

25

빅아이디어 어드벤처

PINK
PENGUIN™

펭귄 친구들에게
작별을 고하라

―――

〈반지의 제왕(The Lord of the Rings)〉에서 프로도는 마법사 간달프로부터 무시무시한 임무를 부여받는다. 샤이어의 집을 떠나 모르도르로 가서 운명의 산의 치솟는 불길 속에 절대 반지를 던져 넣는 임무다. 호빗족인 프로도는 이 임무가 내키지 않는다. 그냥 호빗턴에 머물며 조용히 평화롭게 삶을 살고 싶을 뿐이다. 하지만 그 모험을 감행하지 않으면 자신은 물론 사랑하는 사람들 모두가 엄청난 위험에 처한다는 사실도 알고 있다.

사람들은 빅아이디어와 관련해서 프로도처럼 주저하는 경우가 많다. 무언가 하고자 꿈꾸는 바는 있으나 두려움이 앞서기 때문이다. 지루하고 불만족스런 현실이지만, 그래도 현재의 상태를 유지하는 게 편하고 아늑하게 느껴지는 법이다. 흥미롭긴 하지만 빅아이디어는 겁이 난다. 운명의 산으로 모험을 떠나는 것처럼 느껴져서 그렇다.

나는 그 두려움이 곧 메시지라고 믿는다. 당신의 그 빅아이디어가 반드시 감행해야 하는 모험이라는 메시지다. 두려움이 들지 않는다면 모험도 아니고 소명도 아니다. 다시 말하겠다. 당신의 빅아이디어에 대해 두려움이 느껴진다면 좋은 일이다. 당신을 기다리고 있는 모험이라는 의미다. 아무런 두려움도 들지 않는다면 당신의 아이디어가 잘못된 것이거나 부족한 것이라는 의미다.

예를 들면 나는 피아니스트가 되는 게 두렵지 않다. 피아노를 칠 줄도 모르고 거기에 관심도 없기 때문이다. 하지만 소설을 쓰는 것은 두렵다. 내가 꿈꾸는 일이고 해낼 가능성이 있는 무엇이기 때문이다. 나의 두려움은 곧 언젠간 내가 소설을 써야 한다는 메시지다.

두려움을 친구이자 스승으로 생각하라. 두려움은 무언가를 말해주고 가르친다. 그것이 무엇인지 결정하는 일은 당신의 몫이다.

두려움에 맞서지 않는 사람들보다 더 불쌍한 경우는 결코 없다. 삶이 요구하는 바에 결코 귀 기울이지 않는 사람들이다. 결과적으로 이들은 평생을 두려움 속에서 살며 성장하지도 못하고 자신의 능력을 발견하지도 못한다.

인간은 늘 존재의 내면을 흐르는 창의적 충동을 지닌다. 사실 우주에 존재하는 모든 피조물에 그런 충동이 있다고 나는 믿는다. 그것이 바로 삶의 목적이며 우주의 목적이다. 우리는 변화하고 성장하도록 의도되어 있다. 삶의 목적은 안전감을 준다는 이유로 한 곳에 계속 머무는 것이 아니며 같은 일을 끝없이 반복하는 것도 아니다. 우리는 매년 같은 곳에 머물며 춥고 무서워서 옹송그리고 모이는 펭귄이 되려고 세상에 나온 것이 아니다.

나는 모험을 감행하지 않는 사람들, 꿈을 이루기보다 간직하길 좋아하는 사람들을 수도 없이 만났다. 많은 사람들이 우리 사무실을 찾아와 기막히게 멋진 자신의 빅아이디어를 펼쳐놓는다. 그러면 우리는 신이 나서 그것을 성취할 방안을 계획하기 시작한다. 그러다 갑자기 이상한 일이 발생한다. 당사자가 매우 불편해하는 것이다. 때로는 성을 내거나 안절부절못한다. 때로는 침울해진다. 이유는 간단하다. 진정으로 빅아이디어를 실행할 마음이 없기에 그렇게 되는 것이다. 그저 그에 대해 생각하는 걸 좋아하는 것뿐이다. 실제로 실행에 들어가면 너무 어려워지거나 뜻대로 안 될까 봐 두려워하는 것이다. 또 그렇게 되면 간직할 몽상조차 사라질까 봐 겁나는 것이다.

환상에 매달리는 심정을 이해 못하는 것은 아니지만, 동시에 측은한 마음도 든다. 유진 오닐(Eugene O'Neill)이 쓴 「아이스맨이 오다(Iceman Cometh)」라는 멋진 희곡이 있다. 해리 호프(Harry Hope)라는 이름의 주인이 운영하는 허름한 술집 겸 하숙집에서 벌어지는 일상을 담고 있다. 등장인물들은 대부분 서로서로 몽상을 떠벌리며 소일하는 알코올 중독자들이다. 그들은 그렇게 앞으로 할 멋진 일들 속에서 위안을 찾지만 그 꿈을 실현할 의향도 의지도 없다. 공연히 꿈을 향해 움직이다가 잘 안 되면 꿈조차 영원히 사라질까 두려운 것이다.

나는 이처럼 몽상만 품고 사는 사람들을 일상적으로 만난다. 그들은 오랜 세월 품어왔기에 그만큼 더 소중한 몽상을 괜히 실행에 옮기다가 깨뜨릴까 봐 두려워한다. 현실과 마주하기보다 차라리 꿈을 갖는 쪽을 택한다.

책을 쓰고 싶다는 사람들 가운데 특히 이런 경우를 많이 본다. 벌써 수년째 책을 쓰는 것에 대해 떠들고 다니는 사람들이 많다. 자리에 앉지도, 단 한 줄 쓰지도 않으면서 말이다. 실행에 들어가기보다는 꿈만 품기를 좋아하는 사람들이다. 그런 꿈이 있다는 걸 사람들이 알아봐주기만 바라는 사람들이다.

나는 늘 말한다. 세상에는 두 종류의 작가가 있다고. 책을 쓰는 작가와 책을 쓰는 것에 대해 말하는 작가. 꿈의 경우도 마찬가지다. 꿈에 대해 말하는 사람들이 있고 꿈을 향해 움직이는 사람들이 있다.

현재의 상황에 갇힌 느낌을 갖고 사는 사람들도 많다. 그들은 말한다. "나도 빅아이디어를 실행에 옮기고 싶어요. 하지만 시간이 나질 않아요. 지금 하는 비즈니스에 얽매여서 옴짝달싹도 못하거든요. 빅아이디어에 공을 들일 여력이 없어요." 핑곗거리도 많고 변명거리도 많다. 나는 종종 이렇게 평한다. "그런 핑곗거리를 찾고 변명하는 데 들이는 에너지를 빅아이디어에 쏟아붓는다면 무엇이든 이룰 수 있을 것이다."

사람들이 빅아이디어를 실행하지 못하는 이유로 대는 또 하나의 변명은 목표를 달성하는 방법을 모른다는 것이다. "영화를 찍고 싶은데 방법을 알아야죠." "요트를 몰고 싶은데 조종하는 방법을 몰라요." "비앤비®를 운영하고 싶은데 그쪽에 대해 전혀 아는 바가 없다 보니……." 무언가를 시작하려면 그 방법을 정확하게 다 알아야 한다는 식이다.

어리석기 짝이 없는 생각이다. 케네디 대통령이 1960년대 말까지 인류를 달에 보내겠다는 유명한 연설을 발표했을 때 과학자들이 그 방법을 다 밝혀놓은 상태였던가? 그런 목표를 세운 뒤에야 방법을 도출하기 시작한 것이다. 나 역시 1995년 첫 책을 쓸 때 그 방법을 잘 몰랐다. 그저 목표를 세우고 진행해 나가면서 하나하나 습득했을 뿐이다.

방법을 모르고 경로를 모르니 모험인 것이다. 그래서 모험이 신나는 것이다.

● Bed and Breakfast 아침식사로 지역의 전통음식을 제공하고 가정적인 분위기로 꾸며놓은 숙박업소.

펭귄 친구들 상당수가 빅아이디어를 추진하려는 당신의 노력을 막으려 할 것이다.

미지를 받아들이는 것이 모험의 요지다. 그래서 그 과정도 재밌는 것이다.

빅아이디어 추진의 가장 큰 장애물은 다른 펭귄들의 부정적인 반응일 것이다. 나름의 두려움에 사로잡힌 그들은 무리를 떠나려는 당신을 모든 수단을 동원해 막으려 들 것이다. 그들은 당신이 성공해서 무언가를 보여주게 되길 바라지 않는다. 그저 해리 호프의 술집에서 계속 몽상이나 떠들며 술이나 마셔주길 바란다.

수년 전 잡지를 창간하겠다는 빅아이디어를 낸 적이 있다. 젊고 야심 찼지만 어떻게 잡지를 구성해야 좋은지 잘 몰랐다. 잡지를 만들고픈 욕구만 강하게 일 뿐이었다. 하루는 이웃 사람에게 그에 대해 얘기했는데 아주 부정적인 반응이 돌아왔다. "그거 안 돼~. 이미 얼마나 많은 잡지가 나와 있는지 한번 보라고!" 대화를 마치고 돌아서는데 기가 꺾이고 낙심한 탓에 발걸음이 무거워졌다. 관련된 모든 계획을 접는 것에 대해 고민하던 순간 어머니가 구세주로 나서주셨다. "그 사람 말에 신경 쓸 거 없어. 평생 어떤 꿈도 추구하거나 추진해본 적이 없는 사람이야. 다른 사람들이 꿈을 이루는 걸 보고 싶지 않아서 그러는 거야. 그러면 자신이 더 비참해질 테니까 말이야."

어머니 말씀이 전적으로 옳았다. 빅아이디어가 생기면 많은 펭귄들이 달려들어 당신의 열정을 꺾으려 들 것이다. 이것이 빅아이디어를 밝힐 때 그 대상을 신중하게 선별해야 하는 이유다. 아무에게나 빅아이디어를 털어놓지 말라. 지혜롭고 이성적인 조언은 누구에게 얻든 문제 될 게 없지만, 그래도 빅아이디어를 성취하는 데 도움이 되는 사람이 있고 방해가 되는 사람이 있다는 점을 염두에 두어야 한다. 빅아이디어를 무산시키려 들지 않고 도와주는 데 전념할 만한 사람에게만 얘기하라.

우리 회사에는 빅아이디어에 대한 규칙이 있다. 싹이 튼 아이디어에 살아남을 기회를 제공하는 규칙이다. 그 연약한 싹이 생존의 기회도 잡기 전에 짓밟히는 경우가 너무 흔하기 때문이다. 누군가가 아이디어를 내면 사람들은 대개 그게 안 되는 열두 가지 이유를 즉각적으로 들이댄다. 그래서 우리가 3단계 '빅아이디어 인큐베이터'를 마련한 것이다.

누군가가 빅아이디어를 내면 우리는 그것을 인큐베이터에 집어넣는다. 1단계에서는 오직 해당 아이디어 자체의 긍정적인 부분에 대해서만 말해야 한다. 아이디어의 어떤 점이 좋게 보이고 좋게 느껴지는가. 아이디어를 실현시키면 어떻게 좋아지고 어떤 이득을 보게 되는가. 이렇게 해서 아이디어에 열정이 듬뿍 담기고 나면 다음 단계로 넘어간다. 2단계에서는 목표의 성취 방법에 대해서만 논해야 한다. 어떤 자원과 전략을 쓸 것인가. 누가 어떤 일을 맡을 것인가. 누구도 비판을 하거나 장애를 언급하도록 허용되지 않는다. 오직 3단계에 이르러서야 우리는 극복해야 할 사안에 대해 논의하는 시간을 갖는다.

그렇다고 빅아이디어가 무조건 다 좋다는 것은 아니다. 갓 나온 어떤 아이디어는 인공부화기에서 막 꺼낸 병아리처럼 실로 귀여워 보이지만 실현시켜보면 다 큰 닭처럼 추한 몰골이 되기도 한다. 하지만 그게 요점이다. 어떤 빅아이디어가 훌륭하게 성장할지 모르기 때문에 모든 빅아이디어를 어느 정도까지는 키워봐야 하는 것이다. 때로는 미운 오리새끼가 백조로 성장하기도 한다.

이 장의 요점은 빅아이디어를 성장시키기 위한 좋은 환경을 조성하고 친구 펭귄들의 음울한 '실패주의'에 말려들지 말라는 것이다. 당신의 펭귄 친구들은 아늑한 부빙을 결코 떠나지 않으리라는 사실을 받아들여라. 그들에게는 아이스맨이 이미 와 있는 셈이다. 머물 것인가, 아니면 꿈을 좇아 움직일 것인가. 이것은 당신 스스로 결정할 문제다.

친구들을 남겨두고 떠나는 것은 쉽지 않은 일이다. 어쨌든 친구들 아닌가. 그러나 진정 행복해지고 싶으면 펭귄 친구들에게 작별을 고해야 한다. 펭귄 친구들은 떠나는 당신을 보고 섭섭해하고 아쉬워하겠지만 그런 것들은 곧 극복되기 마련이다.

---- 26 ----

뉴 팩토리

PINK
PENGUIN™

빅아이디어로
갈아타라

―――――

기존 사업을 올드 팩토리로 간주하라. 수년 전 당신은 빅아이디어를 내서 이 팩토리를 구축했다. 건물을 세웠고 기계를 들여놨으며 직원들을 채용했다. 그리고 하루하루 운영방식을 다듬고 개선해 흑자로 성장하는 사업체를 만들어놓았다. 현재 그 팩토리는 현금을 쏟아내며 안락한 삶을 안겨주고 있다. 당신은 스스로 이뤄놓은 것에 대해 자부심을 느낀다. 다만 요즘 들어 몇 가지 문제가 생겼을 뿐이다.

무엇보다, 사업이 지루해졌다. '해볼 거 다 해보고 겪을 거 다 겪어본' 느낌이 든다. 당신의 기술과 관심사는 변했지만 비즈니스는 그대로인 탓이다.

올드 팩토리를 운영하는 가운데 뉴 팩토리를 구축하면 순조롭게 빅아이디어로 갈아탈 수 있다.

올드 팩토리는 예전 기술을 이용하도록 설계되었기에 새로운 기술을 쓸 데가 없다. 그래서 무언가에 갇힌 듯한 기분이 드는 것이다. 당신이 수년간 공을 들여 확립한 비즈니스가 스스로의 자아실현을 허용치 않는 감옥이 된 셈이다.

이런 느낌은 당신에게 새로운 빅아이디어가 생겨 그것을 시도해보고 싶은 욕구가 움틀 때 더욱 강렬해진다. 열망과 현실 사이의 괴리가 당신을 실의에 빠지게 만든다. 심한 경우 헨리 데이비드 소로(Henry David Thoreau)가 말한 '조용한 절망의 삶'을 살 수도 있다. 어쩌면 '못 다 부른 노래를 가슴에 품은 채 무덤으로 가게' 될까 봐 두려울 수도 있다.

이런 딜레마에 빠진 많은 사람들이 자신의 올드 팩토리를 재정비하려고 애쓴다. 대개 운영방식을 바꾸는 것으로 시작한다. 그리고 새로운 기계를 들여놓고 설비를 바꾼다. 이어서 직원을 새로 들이고 몇몇을 내보낸다. 하지만 별다른 효과를 보지 못한다. 오히려 올드 팩토리가 예전만큼 현금을 쏟아내지 못하는 탓에 상황이 더욱 악화된다. 결국 당신은 예전 방식으로 되돌아가고 다시 조용한 절망에 젖어든다.

요점은 이럴 필요가 없다는 것이다. 올드 팩토리를 계속 돌리는 동시에 뉴 팩토리를 구축할 수 있기에 하는 말이다. 올드 팩토리는 녹슨 부품으로 계속 돌리는 한편, 길을 건너가서 새로운 부품으로 완전히 다른 뉴 팩토리를 세우면 된다.

처음에는 일주일에 고작 몇 시간 정도만 뉴 팩토리에 할애하게 될지도 모른다. 그래도 괜찮다. 적어도 꿈에 공을 들이고 있으니 말이다.

이런저런 비용을 확보하기 위해 여전히 올드 팩토리에 시간 대부분을 투자해도 무방하다. 하지만 더 이상 그 지루한 올드 팩토리에서 열심히 일하는 것에 짜증이 나지는 않는다. 영원히 지속되지는 않으리라는 것을 알기 때문이다.

나는 이 묘책을 기업체 홍보회사에서 일할 때 처음 이용했다. 거기서 일하는 게 싫었고 나 자신의 사업을 하고 싶다는 꿈이 있었다. 하지만 이런저런 비용과 생활비를 조달해야 했기에 당장 그만두지는 않았다. 그러면서 저녁 시간과 주말 시간을 이용해 나의 뉴 팩토리를 구축하는 일에 매달렸다. 나는 그 사업체를 내 아파트에 차리고 다수의 클라이언트를 확보했다. 6개월 후 나의 뉴 팩토리는 그럴 듯한 사업체의 면모를 갖췄다. 그제야 나는 직장에 사직 의사를 통보했고, 뉴 팩토리에 풀타임으로 참여하는 첫날부터 계속기업[*]의 사업주가 될 수 있었다.

● **going concern** 투자원금의 회수로 청산하는 일회적 사업과 달리 기업 본연의 목적을 달성하기 위해 계속적인 재투자 과정 속에서 구매·생산·영업 등 기본 활동을 수행하는 기업을 말한다.

나는 또한 나의 코칭 프로그램을 출범시킬 때에도 이 접근방식을 이용했다. 2000년 초 우리는 마케팅 '구축자'였다. 브로슈어나 웹사이트 등의 마케팅 도구를 구축해주는 사업체였다는 얘기다. 하지만 나는 마케팅 '설계자'가 되어 사람들이 빅아이디어를 개발하도록 돕고 싶었다.

이 새로운 비즈니스를 출범시키기 위해 올드 팩토리를 계속 가동하는 한편 뉴 팩토리를 짓기 시작했다. 먼저 기존 클라이언트들에게 세 시간짜리 빅아이디어 프로그램을 무료로 제공하는 것으로 시작했다. 그들 중 25명이 동참했고, 나는 그들에게 새로운 프로세스를 체험하게 해주었다. 이 과정을 밟으며 나는 각 단계와 전체 프로세스를 개선했고, 그러면서 요금을 부과해도 되겠다는 판단이 섰다. 나는 이 새 프로그램(빅아이디어 어드벤처)에 할애하는 시간을 점진적으로 늘려갔다. 그에 비례해 올드 팩토리에 쓰는 시간이 줄어든 것은 물론이다. 그리고 10년, 우리의 프로그램을 거쳐간 사업가들의 수가 1,000명을 넘어섰고, 그 뉴 팩토리가 우리의 주된 사업이 되었다.

뉴 팩토리에는 올드 팩토리의 어떤 부품이든 가져다 써서는 안 된다는 점을 기억하는 것이 중요하다. 완전히 새롭게 출발해 정확하게 당신이 원하는 그것을 구축해야 한다. 올드 팩토리는 뉴 팩토리가 제대로 자리 잡을 때까지 가동시키는 게 바람직하다.

우리에게 이 기법을 배운 수백 명이 낡은 구조에서 벗어나 꿈꾸던 삶을 살도록 힘을 부여하는 새로운 구조를 구축했다.

자, 당신도 이제 뉴 팩토리에 공을 들일 시간이 되지 않았는가.

영원한 것은 없는 법

**PINK
PENGUIN**™

새로운 빅아이디어는
늘 필요하다

일단 펭귄 무리를 떠나면 되돌아가는 것은 불가능하다. 일단 빅아이디어를 창출하고 마그네틱 마케터가 되고 나면 돌아가고 싶은 마음이 들지 않기 때문이다. 그러나 함정에 빠질 수는 있다. 첫 번째 빅아이디어에 매달려 그것을 영원한 것으로 만들려고 애쓰는 함정 말이다.

빅아이디어 어드벤처는 그런 식으로 돌아가지 않는다. 영원한 빅아이디어는 없다. 흥한 것은 쇠하기 마련이다. 오늘의 빅아이디어는 언젠간 낡은 아이디어가 된다. 그러면 새로운 빅아이디어를 찾아내야 한다. 그런 주기가 영구히 계속되는 것이다.

 너무도 많은 비즈니스 종사자들이 모험 감수는 한 번으로 족하다고 생각한다. 새로운 모험에 시간과 돈을 투자한 후 그 아이디어가 불멸의 생명력을 갖기를 희망한다. 성공을 구가하던 시절이 지난 후에도 오랫동안 낡은 아이디어를 실은 당나귀 수레를 끌고 돌아다닌다. 새로운 빅아이디어가 필요하다는 생각조차 안 하거나 생각하고도 기피한다.

 평생 단 하나의 빅아이디어만 필요하다면 그보다 더 좋은 일은 없을 것이다. 그러나 세상은 그런 식으로 돌아가지 않는다. 그래서 나도 유감스럽다. 지속적으로 빅아이디어를 생성해야 마땅하다는 사고방식을 갖고 그에 합당한 태도를 취하는 것이 최선이다. 실제로 다시 빅아이디어를 생성하는 일을 하지 않게 되더라도 항상 열린 마음으로 새로운 아이디어들을 살펴야 한다. 사실 그게 더 재밌고 어떤 멋진 곳으로 이끌어줄 수도 있다.

 자, 펭귄 노릇 그만두고 빅아이디어 어드벤처에 오를 준비가 되었는가.

Ariely, Dan, *Predictably Irrational*, HarperCollins Publishers: New York, 2008

Chan, Kim W., *Blue Ocean Strategy: How To Create Uncontested Market Space and Make Competition Irrelevant*, Harvard Business School Publishing Corporation: Boston, 2005

Danesi, Marcel, *Brands*, Routledge: Abingdon, UK, 2006

Godin, Seth, *All Marketers Are Liars: The Power of Telling Authentic Stories in a Low Trust World*, Penguin Books: New York, 2005

Jensen, Rolf, *The Dream Society: How The Coming Shift From Information To Imagination Will Transform Your Business*, McGraw-Hill: New York, 1999

Levitt, Theodore, *The Marketing Imagination*, MacMillan Inc: New York, 1983

Norman, David A., *Emotional Design: Why We Love Or Hate Everyday Things*, Perseus Book Group: New York, 2004

Pine, Joseph & Gilmore, James H., *The Experience Economy: Work Is Theatre & Every Business A Stage*, Harvard Business School Press: Boston, 1999

Pink, Daniel H., *A Whole New Mind: Moving From The Information Age to The Conceptual Age*, Penguin Books: New York, 2005

Tofler, Alvin and Heidi, *Revolutionary Wealth*, Borzoi, Random House: New York, 2006

West, Scott & Mitch, Anthony, *StoryTelling For Financial Advisors: How Top Producers Sell*, Kaplan Publishing: Chicago: 2000

용어 설명

3C(Three C's): 고객에게 제공할 수 있는 세 가지 새로운 이득. 관심(Caring), 코칭(Coaching), 코디네이션(Coordination).

가치 피라미드(Value Pyramid): 사람들이 경제에서 수행하는 서로 다른 역할을 서열을 매겨 설명한 계층 모델. '이론가, 설계자, 도급자, 구축자, 노동자'의 다섯 단계로 구성된다.

공짜 가치(Free Value): 보다 많은 잠재고객이 찾아오게 하기 위해서 공짜로 제공하는 가치 있는 무엇.

구르메형 비즈니스(Gourmet Business): 제품이나 서비스를 독특하게 고급화해 고객에게 선별적으로 그리고 고가로 판매하는 사업 또는 그 사업체.

구축자(Builder): 도급자가 조직화한 프로젝트의 일부에 해당하는 책무를 수행하는 사람.

글쎄요 세상(Maybe World): 잠재고객이 "노"를 에둘러서 "글쎄요"라고 말하는 경우가 만연한 세상.

넘버원 고객 유형(Number 1 Customer Type): 당신이 진정으로 거래 관계를 유지하고픈 고객 유형.

노동자(Laborer): 구축자가 관리하는 책무의 일부에 해당하는 과업(또는 잡일)을 수행하는 사람.

뉴 팩토리(New Factory): 새로운 빅아이디어를 구축하고 운영하는 물리적 또는 개념적 장소.

도급자(Contractor): 설계자가 창출한 청사진을 토대로 프로젝트를 수행하는 사람.

디자인 맵(Design Map): 물리적 패키징의 모든 디자인 요소를 사전 계획하는 데 이용하는 지도.

마그네틱 마케팅(Magnetic Marketing): 이상적인 잠재고객들을 끌어당기고 그들이 제 발로 찾아오게 하도록 설계된 활동.

매매 경제(Transaction Economy): 매매 거래의 긍정적 또는 부정적 영향에 대해서는 거의 혹은 전혀 관심을 기울이지 않고 거래를 하는 데에만 초점을 맞춰 움직이는 경제.

변혁 경제(Transformation Economy): 사람이나 회사가 기존의 엉망 상태에서 탈피해 여러 면에서 바람직한 새로운 면모를 갖추는 변혁을 이루도록 돕기 위해 가능한 한 모든 일을 수행하는 것을 토대로 삼는 경제.

브랜드 네임(Brand Name): 빅아이디어에 붙인 이름. 예) 더 프레스토 프레싱 시스템(The Presto Pressing System).

브랜드/브랜딩(Brand/Branding): '브랜드'는 고객이 당신과 당신의 회사에 대해 갖는 생각과 느낌의 조합, 브랜딩은 그런 브랜드에 이름이나 이미지를 부여하는 작업.

빅아이디어(BIG Idea): 경쟁자와 차별화시켜주고 사업에 대한 의욕과 신념을 다시금 일깨워주는 '새롭고 더 나으며 전혀 다른 무엇'.

빅아이콘(BIG Icon): 당신의 비즈니스를 대표하는 캐릭터 또는 이미지. 예) 동명의 세제에 등장하는 미스터

클린(Mr. Clean), 굿이어(Goodyear) 타이어의 홍보용 비행선인 굿이어 블림프(Goodyear Blimp), 에너자이저 (Energizer)의 에버레디 버니(Eveready Bunny), 프루덴셜(Prudential)의 지브롤터 바위산(Rock of Gibraltar) 등.

빨간불(Red Light): 결코 구매하지 않을 것 같다는 느낌이 드는 잠재고객(그런데 거기에 계속 매달려서 문제).

상징우주(Symbolspace): 21세기의 지배적인 경제활동 무대로 부상하고 있는, 콘셉트와 아이디어, 모델, 상징 으로 구성된 무형의 영역.

설계자(Architect): 이론가가 개발한 모델을 토대로 고객들이 청사진을 창출하도록 돕는 사람.

세 가지 상자(Three Boxes): 보다 비싼 제품/서비스를 구매하도록 유도하기 위해 '대·중·소' 또는 '특·보통· 염가' 또는 '슈퍼·표준·기본'과 같은 식으로 잠재고객에게 제공하는 세 가지 선택안.

세일즈 피치 세일즈맨(Sales Pitcher): 잠재고객에게 제품이나 서비스에 대한 적극적이고 역동적인 세일즈 피 치를 펼치는 데 주력하는 세일즈맨.

연상 디자인(Evocative Design): 잠재고객에게 당신이 바라는 특정한 생각과 느낌을 일깨우기 위해 설계한 디 자인.

올드 팩토리(Old Factory): 뉴 팩토리를 구축하는 동안 계속 운영하는 기존 비즈니스.

월마트 효과(Wal-Mart Effect): 월마트 같은 대규모 패스트푸드형 사업체가 가격 경쟁력으로 밀어붙일 때 변 화의 노력을 기꺼이 기울이지 않는 소규모 사업체가 받게 되는 부정적인 영향.

윤리 명령(Ethical Imperative): 성공하려면 선의를 바탕으로 비즈니스를 수행해야 한다는 명령.

이론가(Theorist): 모델을 개발하고 패키징해서 사람들에게 교육하는 사람.

최상의 이득(Peak Benefit): 고객이 진정으로 바라는 궁극적 이득(그런데 종종 간과되어서 문제).

콘셉트 토네이도(Concept Tornado): 이것저것 여러 가지 일을 하고 있고 머릿속에서 서로 다른 다수의 콘셉트와 아이디어, 상징, 모델들이 소용돌이치고 있는 탓에 자신의 비즈니스를 명확히 설명하지 못하는 문제.

타이타닉 기법(Titanic Technique): 고객의 눈으로 세상을 보고 고객에게 매우 가치가 높은 빅아이디어를 개발하기 위해 이용하는 기법.

태만한 세일즈(Lazy Selling): 명확한 계약 체결을 위해 노력을 기울이지도 않고 빠른 결정을 요구하지도 못하며 세일즈 프로세스를 질질 끄는 행태.

파란불(Green Light): 당신이 판매하는 제품이나 서비스에 강렬한 흥미를 느끼고 마음을 여는 잠재고객.

패스트푸드형 비즈니스(Fast Food Business): 잘 모르는 다수의 고객에게 제품이나 서비스를 박리다매 식으로 판매하는 사업 또는 그 사업체.

패키징(Packaging): 브랜드를 고객의 머리와 가슴에 각인하기 위해 이용하는 아이디어와 표현, 이미지, 경험 등의 '조합'.

희망 가방(Bag of Hope): "글쎄요"라고 답한 잠재고객이 언젠간 고객이 될 것이라는 어리석은 희망을 가득 담아 들고 다니는 세일즈맨이나 사업주의 '가방'.

운이 좋은 덕분에 이 책을 써서 출간하게 된 느낌이다. 글쓰기는 사실 고독한 작업이지만 더없는 행복이기도 하며 그런 행복을 추구하도록 내게 힘을 주는 많은 사람들의 지원 없이는 불가능한 일이다.

나의 사업적 발전과 개인적 성장에 무한의 조력을 아끼지 않은 아내 지니에게 먼저 고마움을 전하고 싶다. 우리의 두 아이 더글라스와 로빈은 오직 십대만이 제공할 수 있는 솔직한 비평과 조언으로 기여했다. 우리 회사에서 빅아이디어 코치로 일하며 우리 집안에 빅아이디어의 피가 흐름을 입증한 나의 여동생 다이애나는 많은 영감의 원천이 되어주었다.

컴퍼니 빅그룹(The Big Group of Companies)에 관련된 친구들과 동료들이 없었다면 나는 그 어떤 책도 쓸 수 없었을 것이다. Curtis Verstraete, Corey Kilmartin, Stephen Lindell, Sonia Marques, Imran Mohammad 등이다. 이들이 빅아이디어 어드벤처에 참여한 회원들과 함께 만들어놓은 많은 것이, 이 책의 재료가 된 새로운 콘셉트와 아이디어, 전략을 개발하는 데 큰 도움이 되었다.

더불어 나의 책들이 여러 다른 언어로 출간되도록 도와준 에이전트 Robert Mackwood에게도 깊은 감사를 표한다. 그가 없었다면 한국과 중국, 일본, 러시아, 인도, 루마니아 등지의 어느 누구도 보다 많은 로브스터를 파는 법과 펭귄 프라블럼을 피하는 법을 배우지 못했을 것이다.

또한 매번 지원을 아끼지 않은 우리 회사의 직원들과 클라이언트 여러분들에게도 감사드리며 여기 그들의 이름을 적는다.

Jim Poe, Rick Bauman, Owen Smith, Gregor Binkley, Martha Howard, Beverly Yates, Jim Bean, Jeff Calibaba, Jess Joss. John Brown, Katherine Bain, Mette Keating, Linda Robinson, Michael Wegener, Mitch Silverstein, Tina Tehranchian, Jason Greenlees, Stephanie Czachor, Jay Miller, Kelly Burnett, Janice Waugh, Jim Towle, Jody Silver, Malcolm Silver, Gary White, Scott Ford, John Durbano, Victor Matos, Wayne Baxter, Roch Beaulieu, Robert Young, Monika Pugliesi, Michael Pugliesi, Harold Agla, Bob Gould, Bob Kowaleski, Terry Ortynsky, Jim Gilbert, Jean-Luc Lavergne, Dawn Frail, Kelly Millar, Patrick Carroll, Garth Myers, Rick Borden, Rex Chan, Karla & Preston Diamond, Tim

Yurek, Stuart Paris, Paul Reklaitis, Rob Geiger, Larry Trapani, Steven Stramara, Dean D'Camera, Adrian Davis, Doug McPherson, Ricky Lyons, Jon Singer, Al Singer, David Singer, Andy Wimberly, Alex Nicholson, Tom Miller, Marianne Cherney, Byron Woodman, Romy McPherson, Ben Darwin, Gair Maxwell, Mark Cupp, Kathleen Fry, Claudio DiSante, Preston and Karla Diamond, Byron Meier, Tyler Trute, Doug Edwards, Larry Hamilton, Dan Millar, Brian Seim, Raymond Rupert, David Cohen, Stephanie McCullough, Harold Mertin, Greg Barnsdale, Wendy Kellar, and Dora Vell.

아울러 나의 전작들에 소개된 전략과 콘셉트를 어떻게 활용해 어떤 성공을 거두었는지 내게 이메일을 보내 알려준 전 세계 수천 명의 독자들에게도 심심한 감사를 표한다.

"여러분의 지원과 성원에 깊이 감사드립니다. 언제 어떤 메일을 주시든 환영합니다."

핑크펭귄

초판 1쇄 발행 2017년 2월 17일
1판 34쇄 발행 2024년 4월 3일

펴낸곳   스노우폭스북스
편집인   서진

지은이   빌 비숍
옮긴이   안진환
감수   박재현 강규형

마케팅   김정현 · 이민우
영업   이동진

주소   경기도 파주시 회동길 527 스노우폭스북스 빌딩 3층
대표번호 031-927-9965
팩스   070-7589-0721
전자우편 edit@sfbooks.co.kr
출판신고 2015년 8월 7일 제406-2015-000159

ISBN 979-11-959363-8-0 03320

값 15,000원

스노우폭스북스는
"이 책을 읽게 될 단 한 명의 독자만을 바라보고 책을 만듭니다."